L'ORPHELIN,

COMÉDIE

EN TROIS ACTES ET EN PROSE,

DU CITOYEN PIGAULT-LE-BRUN.

Représentée, pour la première fois, à Paris, sur le théâtre de la Cité, le premier Prairial, l'an second de la République française.

O femmes, femmes ! si vous réfléchissiez combien le vice est bas avant de vous y livrer !
　　　　DÉRICOURT, *acte troisième.*

Prix, 30 sols.

A PARIS,

Chez BARBA, Libraire, rue Gît-le-Cœur, n°. 15;

Et chez MARCHAND, maison Egalité, galerie neuve, n°. 9.

SECONDE ANNÉE DE LA RÉPUBLIQUE.

PERSONNAGES.	ACTEURS.
	Les Citoyens
DÉRICOURT.	Villeneuve.
BLINVILLE, jeune homme, ami de Déricourt.	Varennes.
JULIEN, Orphelin élevé chez Déricourt.	Sainclair.
FRANCISQUE, vieux domestique.	Frogères.
	Les Citoyennes
La Cit. DÉRICOURT, épouse de Déricourt.	Germain.
ADÈLE, leur fille.	Sainclair.
HELÈNE, vieille domestique.	Pélissier.

La scène est dans un salon de la maison des champs de Déricourt.

D'après le traité passé entre nous, BARBA et PIGAULT-LE-BRUN, je déclare être devenu seul et unique propriétaire de la Comédie intitulée *l'Orphelin*, pour l'impression et la représentation dans les Départemens. Je mets ma propriété sous la sauve-garde des Loix et de la loyauté françoise; et je poursuivrai, aux termes des Décrets, ceux qui entreprendroient de me frustrer de mes droits.

BARBA.

L'ORPH LIN,

COMÉDIE.

ACTE PREMIER.

SCÈNE PREMIERE.
HÉLÈNE, FRANCISQUE.

HÉLÈNE rangeant.

Allons donc, tu ne finis rien. Des tables, des tasses, et tout ce qu'il faut.

FRANCISQUE rangeant.

Depuis une heure vous ne me laissez pas le temps de respirer. Je suis cependant d'une activité.....

HÉLÈNE.

Dans notre métier, on n'en a jamais assez.

FRANCISQUE.

La vilaine chose que le service !

HÉLÈNE.

Il est plus agréable d'être servi.

FRANCISQUE.

Aussi, si je deviens maitre.....

HÉLÈNE.

Que feras-tu ?

FRANCISQUE.

Je me servirai moi-même.

HÉLÈNE.

Tu ne te plaindras de personne.

L'ORPHELIN,

FRANCISQUE.

Mais aussi, personne ne se plaindra de moi.

HÉLÈNE.

Si tout le monde pensoit ainsi....

FRANCISQUE.

Il n'y auroit ni maîtres ni domestiques, et chacun seroit à sa place.

HÉLÈNE.

Et de quoi vivrions-nous?

FRANCISQUE.

Manque-t-on jamais avec des bras et du courage?

HÉLÈNE.

Il y a vingt ans que tu sers, et tu n'as pas encore fait ces réflexions.

FRANCISQUE.

C'est qu'autrefois je n'étois qu'un valet, et aujourd'hui je suis un homme. (*Il vont et viennent en préparant le déjeûner.*)

HÉLÈNE.

Tu n'as pas à te plaindre du citoyen Déricourt?

FRANCISQUE.

Non, certes.

HÉLÈNE.

Et de sa femme?

FRANCISQUE.

Encore moins.

HÉLÈNE.

Pour leur fille....

FRANCISQUE.

Tout le monde l'aime, et on la serviroit pour rien.

HÉLÈNE.

Oui, tout le monde l'aime, et je crois que Blinville....

FRANCISQUE.

Que Blinville....

HÉLÈNE.

Pourroit avoir des projets....

FRANCISQUE.

Projets inutiles.

COMÉDIE.

HÉLÈNE.

Tu crois cela ?

FRANCISQUE.

Parbleu, si je le crois ! Julien ne la quitte plus. Ils n'ont jamais l'air de se chercher, et ils se rencontrent toujours.

HÉLÈNE.

Ils ont été élevés ensemble.

FRANCISQUE.

Et ils s'aiment sans le savoir.

HÉLÈNE *vivement*.

Tu me fais frémir.

FRANCISQUE.

Eh ! pourquoi ? Julien est pauvre en apparence ; mais il a l'estime de notre Citoyen, et il la mérite. Il est poli, spirituel, et joli garçon, ce qui ne gâte rien.

HÉLÈNE.

Oui ; mais Julien ne connoît pas ses parens.

FRANCISQUE.

Aujourd'hui il n'en faut plus : on est l'enfant de soi-même.

HÉLÈNE.

A la bonne heure. Mais Blinville a une fortune acquise, et il est aussi joli garçon.

FRANCISQUE.

Le plus joli garçon est toujours le préféré.

HÉLÈNE.

Et tu crois que le préféré, c'est Julien ?

FRANCISQUE.

Cela n'est pas douteux, et notre Citoyen trouvera cela de son goût ; car il est riche sans être fier, et bon....

HÉLÈNE.

Sans être dupe.

FRANCISQUE.

Est-on jamais dupe, quand on fait le bonheur de ses enfans ?

HÉLÈNE *détournant la conversation*.

Finissons d'arranger tout. Blinville se lève matin, il a déjà fait sans doute le tour du parc, et il va rentrer avec son appétit ordinaire.

FRANCISQUE.

Je ne sais pourquoi je ne puis vous parler de Julien que vous ne changiez de conversation ?

HÉLÈNE *embarrassée.*

C'est toi qui en changes, puisqu'il ne doit être question en ce moment que du déjeûner.

FRANCISQUE.

Tenez, Hélène, c'est une remarque que j'ai faite cent fois: vous n'aimez pas Julien. C'est pourtant vous qui l'avez apporté ici à l'âge de deux ans: vous pleuriez en le présentant à notre citoyenne, elle pleuroit en le recevant, et j'aurois pleuré aussi si elle ne m'eût renvoyé.

HÉLÈNE.

Oh ! tu vas me rappeller des choses que je sais mieux que toi.

FRANCISQUE.

Sans doute, vous les savez mieux que moi : voilà pourquoi, quand je vous en parle, vous prenez un air de mystère...

HÉLÈNE.

Du mystère, et à propos de quoi ?

FRANCISQUE.

Que sais-je ? Écoutez donc ; il pouvoit y en avoir dans le temps. Notre Citoyen passe en Amérique pour recueillir une succession ; il éprouve des difficultés ; son absence dure trois ans, et à son retour il trouve.....

HÉLÈNE, *vivement.*

Un enfant malheureux que sa femme a accueilli.

FRANCISQUE.

Je ne sais pourquoi mes idées reviennent aujourd'hui là-dessus ; car depuis dix-huit ans j'avois à peu près oublié tout cela. Il est toujours vrai qu'Adèle et Julien feroient un bien joli ménage.

HÉLÈNE, *détournant encore la conversation.*

Mais, Francisque, nous causons.... nous causons.... et nous ne pensons pas que le temps s'écoule.

FRANCISQUE, *tirant sa montre.*

Sept heures.

HÉLÈNE.

Et le citoyen Blinville?

FRANCISQUE.

Il est sûrement de retour de sa promenade. Je vais voir s'il n'a besoin de rien. (regardant les tables.) Tout me paroît prêt.

HÉLÈNE.

Oh! tout absolument.

FRANCISQUE.

Au revoir, Hélène.

HÉLÈNE.

Adieu, Francisque.

SCÈNE II.

HÉLÈNE, seule.

Il m'a vraiment embarrassée, et cependant il ne peut rien savoir. Ce triste secret n'est connu que de la citoyenne Déricourt et de moi, et il ne reste nulle trace d'une foiblesse.... Malheureux Julien, que ta naissance a coûté de larmes ! Heureusement le temps verse sur les blessures les plus profondes un baume consolateur qui les fait oublier. Quant à cet amour, imaginaire ou véritable, je ne crois pas, toutes réflexions faites, qu'on doive s'en alarmer ; ils n'ont que des vertus, qu'il sera facile de diriger vers le but le plus avantageux.

SCÈNE III.

HÉLÈNE, DÉRICOURT, BLINVILLE.

DÉRICOURT.

Bonjour, Hélène ; montes chez ma femme, dis-lui que Blinville et moi avons déjà respiré le grand air, et que nous ne serons pas fâchés de déjeûner.

BLINVILLE.

Sur-tout si elle veut bien être des nôtres.

(Hélène sort).

SCÈNE IV.

DÉRICOURT, BLINVILLE.

DÉRICOURT.

Suivons notre conversation. Adèle a dix-huit ans...

BLINVILLE.

Et elle est charmante.

DÉRICOURT.

Autrefois, un père se croyoit déshonoré s'il n'attendoit tranquillement qu'on vint lui demander sa fille. Nos ayeux, grands connoisseurs en bienséances, l'avoient jugé ainsi : pour moi, qui pense qu'un honnête homme ne peut avoir de guide plus sûr que son cœur, je passe sur les formalités d'usage. Blinville, tu es mon ami ?

BLINVILLE.

Et je me sens digne de l'être.

DÉRICOURT.

Tu trouve ma fille charmante, tu viens de le dire.

BLINVILLE.

C'est ainsi que la jugent tous les honnêtes gens.

DÉRICOURT.

Toutes les femmes honnêtes estiment aussi mon ami.

BLINVILLE.

Mais toutes ne l'aiment pas.

DÉRICOURT.

Adèle a le cœur libre, et l'homme aimable qui aura mon aveu, ne craindra pas un refus de ma fille.

BLINVILLE.

Cela ne suffit pas à un homme délicat.

DÉRICOURT.

Tu as raison : mais comme je ne puis, en conscience, faire l'amour pour toi, tu prendras la peine de l'annoncer.

BLINVILLE.

Il seroit dur d'être éconduit.

COMÉDIE.

DÉRICOURT.

Tu l'aimes donc, mon ami?

BLINVILLE.

J'y suis au moins très-disposé.

DÉRICOURT.

Tu trouveras aussi Adèle disposée à t'aimer. Les bons cœurs sympatisent.

BLINVILLE.

Je le desire, mon ami.

DÉRICOURT.

Si cependant elle est prévenue pour un autre, je n'insisterai pas; tu te consoleras et moi aussi : malheur aux pères qui sacrifient le bonheur de leurs enfans à leurs arrangemens particuliers : mais ne nous arrêtons pas à une idée qui n'a nulle espèce de fondement. Revenons, mon ami : voici mon plan : je n'ai qu'Adèle, et je ne veux pas m'en séparer; En te nommant mon gendre, je m'attache de plus près à mon ami, j'acquiers des droits plus réels sur son cœur, j'assure à jamais mon repos en donnant ma fille au plus honnête homme que je connoisse ; et pour que personne n'ait à se plaindre de la fortune, je compte associer Julien à mon commerce.

BLINVILLE.

Et tu feras bien. C'est un jeune homme estimable.

DÉRICOURT.

C'est ainsi que je l'ai jugé ; et m'occuper de sa félicité, c'est ajouter à celle de ma femme. A mon retour d'Amérique elle me présenta cet enfant que je ne gardai d'abord que par complaisance ; ma fortune étoit bornée alors ; ma citoyenne étoit très-jeune, et je pouvois avoir plusieurs enfans..... Enfin, j'ai adopté celui-ci, je n'ai pas même voulu pénétrer le mystère de sa naissance, qui, dans le fond, m'intéresse peu : d'ailleurs, quand j'en ai parlé, ma femme a montré une répugnance marquée pour toute espèce d'explication : sans doute, Julien doit le jour à quelqu'un qui l'intéresse fortement, et qui cependant doit être honnête, car ma femme ne se préteroit pas...

L'ORPHELIN,

BLINVILLE.

Peut-être une amie égarée.... un moment de délire, de foiblesse....

DÉRICOURT.

Quoi qu'il en soit, j'ai respecté son secret. Je me suis attaché à cet enfant, je l'ai élevé avec Adèle ; il a grandi sous mes yeux, et il a surpassé mes espérances. Ses travaux ont secondé les miens, je lui dois une partie de ma fortune, et je m'acquitterai envers lui en lui assurant la sienne. Je viens de t'ouvrir mon ame toute entière ; si tu trouves dans mes projets quelque chose qui te répugne, dis-le-moi avec la franchise qui vient de te parler par ma bouche.

BLINVILLE.

Je n'y vois que de nouvelles raisons de l'estimer davantage.

DÉRICOURT.

Nous sommes donc d'accord ?

BLINVILLE.

Oui, si tout le monde ici pense comme moi.

DÉRICOURT.

Tu ne dois pas douter du consentement de mon épouse, et je t'aurai bientôt ménagé une occasion de lui parler de nos desseins, car il convient que tu lui demandes sa fille. Allons, embrasse-moi, mon gendre.

BLINVILLE.

De tout mon cœur, mon beau-père. (*Ils s'embrassent.*)

DÉRICOURT.

Les voici.

COMÉDIE.

SCÈNE V.

La citoyenne DÉRICOURT, DÉRICOURT, ADÈLE, BLINVILLE, JULIEN.

ADÈLE *courant à son père et l'embrassant.*

Bonjour, papa.

DÉRICOURT.

Bonjour, ma fille.

JULIEN.

Citoyen, je vous salue.

DÉRICOURT.

Bonjour, mon enfant. (*Prenant la main de sa femme.*) Et toi, ma bonne amie, comment te trouves-tu?

La citoyenne DÉRICOURT.

J'ai très-bien reposé.

DÉRICOURT.

Tant mieux : je veux que cette journée soit heureuse, et un sommeil paisible rend l'imagination plus calme et plus riante. Déjeûnons d'abord, nous parlerons ensuite d'affaires sérieuses. (*On s'assied, la citoyenne Déricourt au bout de la table à la droite; son mari, Blinville, Adèle et Julien en face de la citoyenne Déricourt.*)

BLINVILLE *se servant.*

Je crois, Citoyenne, que vous avez très-bien fait de venir habiter votre terre. Un ciel serein, un air pur, des arbres non taillés, des eaux qui ne sont pas contraintes, l'activité, la gaieté naïve des villageois, la satisfaction de leur être utile et d'en être béni, tout cela dissiperoit la plus opiniâtre mélancolie. (*Il mange.*)

DÉRICOURT.

Et le plaisir d'avoir près de soi un époux prévenant et sensible, une fille adorée, et si digne de l'être, un second enfant....

L'ORPHELIN,

La citoyenne DÉRICOURT, *à part.*

Un second enfant !

DÉRICOURT.

Et un ami fidèle, qui t'entourent sans cesse et semblent ne respirer que pour toi. Que de moyens d'être heureuse !

La citoyenne DÉRICOURT.

Aussi le suis-je, Monsieur.

DÉRICOURT, *se récriant.*

Monsieur, monsieur ! ce nom est proscrit, et dans aucun tems n'a pu me convenir.

La citoyenne DÉRICOURT.

Pardon, mon ami, mon bon ami.

DÉRICOURT.

Voilà qui s'appelle parler.

La citoyenne DÉRICOURT.

C'est l'habitude, l'usage...

DÉRICOURT.

L'habitude ! oh, non, non, tu n'as pas toujours eu cette habitude. Pour l'usage, il peut séduire et entraîner ces femmes, qui, étrangères dans leurs maisons, sont indifférentes pour leurs époux : mais toi, dont l'attachement, la vertu...

La citoyenne DÉRICOURT, *à part.*

Ma vertu !

DÉRICOURT.

Toi dont l'attachement, la vertu sont avoués, même par l'envie, dois-tu....

BLINVILLE *l'interrompant.*

Laissons cela, mon ami. La louange la plus méritée embarrasse toujours un peu. Comment la jeune Adèle trouve-t-elle le café ?

ADÈLE.

Excellent, Citoyen.

DÉRICOURT.

Julien fête la hure, et il y a des droits. (à Blinville.) Le gibier est rare; mais l'espiègle a guetté un sanglier...

BLINVILLE présentant son assiette.

Julien, fais donc les honneurs de ta chasse.

DÉRICOURT.

Il devient galant. C'est à ma fille qu'il a présenté le jarret.

JULIEN avec timidité.

Sa mère me l'avoit permis.

DÉRICOURT.

Oui, Julien, oui, oui. (à Blinville.) J'avoue que la tendresse mutuelle de ces enfans, est pour moi une douce jouissance.

ADÈLE poussant Julien.

Bon.

DÉRICOURT, à sa femme.

Tu en jouis également, et je veux prouver à Julien combien je suis reconnoissant du cadeau que tu m'as fait.

La citoyenne DÉRICOURT.

(à part.) Reconnoissant! (haut, avec timidité.) Vous avez déjà fait beaucoup pour lui.

DÉRICOURT.

Il est plaisant que tu t'en apperçoives la première. Au reste, son zèle, son intelligence, sa probité attendent leur récompense, et ce que je ne ferois pas par amitié pour lui, je le ferai par esprit de justice.

JULIEN.

Ah! Citoyen.

DÉRICOURT.

Mes enfans, écoutez-moi. J'ai commencé avec peu de chose, et mes desirs étoient bornés ainsi que mes moyens. Je n'ai jamais pensé que l'industrie d'un négociant fût sa propriété;

j'ai toujours cru, au contraire, que cette industrie devoit tourner au profit de la société, et que sa fortune particulière tenoit à la fortune publique. Aussi n'ai-je point calculé ce que pouvoit me rapporter la misère de mes semblables ; je ne me suis pas gorgé du sang des malheureux, j'ai rempli mes magasins dans les années d'abondance, je les ai ouverts dans les tems de disette, j'ai vendu à tout prix, et je me suis dit : mon travail me rendra plus tard ce que je prête aujourd'hui à l'humanité souffrante. Les spéculations d'un honnête homme le trompent rarement, et j'ai prospéré au-delà de mes espérances. Je ne vous rappelle pas ces faits pour me targuer d'avoir fait mon devoir ; mais parce que le bon exemple des pères est pour les enfans un encouragement à la vertu. Enfin, je suis riche, mon commerce est immense, je ne suis plus jeune, il me faut un homme sur qui je puisse me reposer, et cet homme c'est Julien.

ADÈLE *poussant Julien.*

A merveilles.

DÉRICOURT.

Nous passerons aujourd'hui notre acte de société. Je supporterai les pertes, et je le mets d'un quart dans les bénéfices.

JULIEN.

Quelles expressions pourroient...

DÉRICOURT.

Point de remerciment, je remplis un devoir sacré. Je ne crois pas que ma fille se plaigne des avantages..

ADÈLE.

Au contraire, papa.

DÉRICOURT, *à sa femme.*

Pour toi, ma bonne amie, tu seras aussi indulgente que ta fille. Julien t'es cher, tu l'as connu avant moi, tu t'y es intéressée la première ; lui faire du bien, c'est sans doute remplir tes vœux, c'est au moins vouloir te faire ma cour... Des larmes, ma tendre amie, des larmes !...

La citoyenne DÉRICOURT *se jettant dans son sein.*

Tu m'accables du poids de ma reconnoissance.

DÉRICOURT.

Ah! laisse-les couler, si le sentiment te les arrache. Je pouvois craindre que l'intérêt...

ADELE.

Paix donc, paix donc. Ne connois-tu pas le cœur de ma mère?

DÉRICOURT.

Blinville, donne la main à ma femme, allez faire un tour sous les tilleuls. (*on se lève.*) (*à sa femme.*) Il a quelque chose à te confier, et vous serez là à merveille : cette allée donne des souvenirs heureux. Il y a bientôt vingt ans que je t'y déclarai mon amour. Les arbres ont vieilli, mon cœur est resté le même. Tu baisses les yeux, Adèle. Il vient un tems où une jeune personne a de quoi réfléchir, à moins toutefois qu'elle n'ait le bon esprit de se résoudre gaîment à ce qu'ont fait ses ayeules, et à ce que seront probablement ses petites-filles. (*à Blinville.*) Allons, vas, mon ami; à mon âge on commence à compter les momens, et on est pressé de jouir. (*Blinville sort avec la citoyenne Déricourt.*) Je passe dans mon cabinet. Julien, on fait ses affaires à la campagne comme à la ville, tu viendras me trouver dans un moment.

SCENE VI.

JULIEN, ADELE.

ADÈLE.

Eh bien, mon bon ami, commences-tu à te rassurer?

JULIEN.

Un cœur comme le mien peut-il être sans inquiétude?

ADÈLE.

Il est des inquiétudes bien peu raisonnables.

JULIEN.

Il en est aussi de trop bien fondées.

ADÈLE.

Julien, tu te plais à te tourmenter, et je n'aime pas cela. N'as-tu pas entendu mon père, ne sens-tu pas ce que ses procédés semblent nous promettre pour l'avenir? Qui t'a dit qu'il n'a pas prié Blinville de pressentir ma mère sur un mariage?...

JULIEN.

Fille trop confiante! qui t'a dit qu'il ait pensé à moi?

ADÈLE.

Et à qui veux-tu donc qu'il pense? crois-tu que notre amour ait échappé à sa pénétration?

JULIEN.

Je serois désespéré qu'il en ait le moindre soupçon. Mes sentimens sont purs, comme l'objet qui me les inspire; mais on juge les hommes sur les faits, et les apparences sont contre moi. Ses bienfaits même...

ADÈLE.

Dis donc les foibles marques de sa reconnoissance.

JULIEN.

Cette prétendue reconnoissance ajoute à mon ingratitude.

ADELE.

Toi, ingrat, toi, Julien?

JULIEN.

Je le suis, Adèle, je le suis. Ai-je dû t'aimer, ai-je dû te le dire?

ADELE.

Oui, mon ami, tu as dû m'aimer, parce que tu m'as trouvée aimable; tu as dû me le dire, parce qu'un honnête homme dit toujours ce qu'il pense.

JULIEN.

Et devois-tu m'écouter?

ADELE;

COMEDIE.

ADELE *avec sentiment.*

Faut-il écouter tous les hommes, et être sourde pour celui seul qu'on préfère ?

JULIEN.

Adèle, l'effet le plus cruel des passions est de se dissimuler toujours ce qu'elles ont de répréhensible. A quel point nous égare déjà ce feu brûlant, qui nous laisse à peine des intervalles de raison ! Tu nous juges innocens, nous qui nous aimons en secret, qui blessons par une réserve coupable tes parens et mes bienfaiteurs. Si nos loix ne frappent point encore les ingrats, l'opinion publique les flétrit : oserons-nous la braver ?... Adèle, tu t'attendris !

ADELE.

Julien, tu rends mon existence pénible.

JULIEN.

Pardon ; mais je te dois la vérité.

ADELE.

Il falloit penser tout cela plutôt.

JULIEN.

Réfléchit-on à quinze ans ?

ADELE.

Mon ami, tu t'exagères les obstacles qui semblent nous séparer, et ton imagination se peint tout en noir. Ma mère étoit riche aussi, et mon père, qui, comme toi, n'avoit que des vertus, obtint l'aveu de ses parens.

JULIEN.

Il connoissoit les siens, ils étoient considérés, et j'ignore qui je suis.

ADELE.

Ce sont tes parens qu'il faut plaindre : tu charmerois leur vieillesse : mais tu n'as besoin de personne.

JULIEN.

Quel sera mon appui ?

B

ADELE.

Ta probité et mon cœur. — Julien, estimes-tu mon père et ma mère?

JULIEN.

Je fais plus, je les respecte.

ADELE.

Tu les connois donc bien?

JULIEN.

Je le crois.

ADELE.

Et tu les crains?

JULIEN.

Je me rends justice.

ADELE *avec un peu d'humeur.*

Non, Monsieur, non, vous ne vous la rendez pas; et si vous ne changez d'idées et de langage, je me brouille avec vous.

JULIEN.

En aurois-tu le courage?

ADELE.

Eh, n'as-tu pas celui de m'affliger?

JULIEN.

Parle donc, mon Adèle; dis-moi, que dois-je faire?

ADELE.

Te laisser conduire, cruel homme que tu es. Tu crains mes parens; mais Blinville est leur meilleur ami, il a leur confiance et la mienne; c'est à lui que je parlerai. Incapable de feindre, je lui ouvrirai mon cœur. S'il me blâme, je rougirai pour la première fois de ma vie; s'il m'approuve, je lui confie le soin de notre félicité. Songes que ma mère t'aime autant que moi, que mon père t'estime, te considère.

JULIEN.

S'ils résistent?....

COMÉDIE.

ADÈLE.

Alors je prendrai ta main, je te conduirai vers eux, nous tomberons à leurs pieds, et je leur dirai : voilà l'homme que j'ai choisi, lui seul peut faire mon bonheur, et vous ne m'en séparerez pas.

JULIEN.

Que ce moment est à craindre !

ADÈLE.

Non, Julien, non, il ne l'est pas. S'ils me refusoient aujourd'hui....

JULIEN.

Je serois banni, perdu, déshonoré.

ADÈLE.

Rien de tout cela, mon ami. Un honnête homme en déshonore-t-il un autre pour une faute involontaire? oublie-t-il en un moment dix ans de travaux soutenus, d'affection et de soins? Depuis dix-huit ans mon bonheur est leur unique étude, et ce qu'ils me refuseroient aujourd'hui, ils me l'accorderoient demain.

JULIEN.

Ah! chère Adèle, que ne te dois-je pas!

ADÈLE.

M'occuper de tes intérêts, n'est-ce pas ménager les miens?

JULIEN.

Charmante fille !

ADÈLE.

L'heure t'appelle, ne te fais pas attendre. C'est en remplissant ses devoirs actuels qu'on se rend digne de s'en imposer d'autres, (*souriant avec tendresse.*) dont je partagerai le poids. (*Julien lui baise la main.*) Embrasse-moi, mon ami. Le vice ménage les apparences, l'innocence se fie à la vertu.

(*Julien l'embrasse et sort.*)

B 2

SCÈNE VII.

ADÈLE seule.

Aimable jeune homme, la fortune a des torts avec toi, c'est à l'amour à les réparer. Qu'une femme est heureuse de pouvoir tout pour son amant! Julien sera tendre, prévenant comme mon père, je serai caressante, attentive, vertueuse comme ma mère; l'harmonie de notre petit ménage leur rappellera leur jeunesse, et fera le bonheur de leurs vieux jours.

SCÈNE VIII.

BLINVILLE, ADÈLE.

ADÈLE *avec réserve.*

Citoyen, vous quittez ma mère?

BLINVILLE.

Oui, Citoyenne.

ADÈLE.

Il s'agit d'affaires importantes?

BLINVILLE.

Très-importantes, en effet.

ADÈLE.

Qui me sont étrangères?

BLINVILLE.

Qui vous touchent de très-près.

ADÈLE *avec timidité.*

Blinville, je suis naturellement curieuse.

BLINVILLE.

Et cette curiosité est bien naturelle.

ADÈLE.

Sans doute, puisqu'on s'est occupé de moi.

COMEDIE.

BLINVILLE.

Je suis bien plus curieux de savoir comment vous prendrez la chose.

ADÈLE.

Ne me faites donc pas languir.

BLINVILLE.

Je brûle de parler...

ADÈLE.

Et moi, de vous entendre.

BLINVILLE.

Et cependant je suis d'un embarras...

ADÈLE *vivement*.

Ma mère ne seroit-elle pas de l'avis de mon père ?

BLINVILLE.

Au contraire, ils pensent l'un comme l'autre.

ADÈLE.

Et vous pensez comme eux ?

BLINVILLE.

Absolument.

ADÈLE.

Je puis donc être tranquille ?

BLINVILLE.

Je voudrois bien pouvoir l'être autant.

ADÈLE.

Blinville, vous me parlez avec une ambiguité....

BLINVILLE.

Vous n'êtes pas très-claire vous-même.

ADÈLE.

C'est que je suis bien aise de voir venir.

BLINVILLE.

Et moi aussi.

ADÈLE.

Ce n'est pas le moyen de nous entendre.

BLINVILLE.

J'en conviens.

ADÈLE.

Il faudroit vous prêter un peu.

BLINVILLE.

Je le sens bien.

ADÈLE.

Allons, courage.

BLINVILLE, *l'examinant.*

Vos parens ne respirent que pour vous, et ils voudroient vous établir.

ADÈLE.

Ah ! on veut me marier.

BLINVILLE.

Ce projet vous effraie ?

ADÈLE.

Pas du tout.

BLINVILLE.

Vous l'approuvez donc ?

ADÈLE.

C'est selon.

BLINVILLE.

Comment ?

ADÈLE.

Si mes parens me marient pour eux...

BLINVILLE.

Ils en sont incapables.

ADÈLE.

S'ils me marient pour moi...

BLINVILLE.

Vous y consentirez.

ADÈLE *souriant.*

Il faudra se résigner.

BLINVILLE.

Il seroit dur pour votre époux de ne devoir votre main qu'à votre résignation.

COMEDIE.

ADÈLE *avec timidité.*

Avant que je m'explique davantage, dites-moi, Blinville, quel est l'homme qu'on me destine.

BLINVILLE.

Je le crois estimable.

ADÈLE.

Jeune?

BLINVILLE.

Oui.

ADÈLE.

Aimable?

BLINVILLE.

C'est à vous à prononcer.

ADÈLE.

Il demeure?

BLINVILLE.

Dans cette maison.

ADÈLE.

Son nom?

BLINVILLE.

Est-il nécessaire de vous le dire?

ADÈLE.

Non, mon cher Blinville. De quel poids mon cœur est soulagé! Quoi! mon père ne condamnera pas un amour...

BLINVILLE.

C'est lui qui l'a fait naître.

ADÈLE.

C'est vrai, au moins. En fixant ce jeune homme près de lui...

BLINVILLE.

Il laissoit entrevoir ses desseins.

ADÈLE.

Blinville, je serai donc heureuse!

BLINVILLE *lui prenant les mains.*
J'ose vous le promettre, ma chère Adèle.

ADÈLE.
Je vous dois un aveu : dès long-temps j'avois prévenu le choix de mes parens...

BLINVILLE.
Vous êtes trop honnête.

ADÈLE.
Et si j'avois prévu leur facilité, avec quel empressement je vous aurois découvert mes sentimens secrets !

BLINVILLE *à part.*
Cette jeune personne a des expressions singulières.

ADÈLE.
Mais je craignois que des préjugés mal éteints peut-être...

BLINVILLE.
Que dites-vous ?

ADÈLE.
Je tremblois que le défaut de fortune...

BLINVILLE.
Je ne vous entends plus.

ADÈLE.
Vous ne voulez donc pas m'entendre ?

BLINVILLE *la fixant.*
Mais de qui me parlez-vous ?

ADÈLE *vivement.*
De qui me parlez-vous, vous-même ?

BLINVILLE *après un tems.*
Adèle, vous aimez Julien.

ADÈLE.
Eh ! qui pourrois-je aimer que lui ?

BLINVILLE.

Il m'en coûte de détruire une erreur qui vous est chère ; mais...

ADÈLE *très-vivement*.

Ce n'est pas lui que mon père a nommé?

BLINVILLE.

Non, Adèle.

ADÈLE.

Ah, malheureuse !

BLINVILLE.

Malheureuse ! Non, vous ne le serez pas. On a cru que je pouvois vous convenir, on s'est trompé, voilà tout. Julien a votre cœur, vos parens sont raisonnables, il aura votre main, je crois pouvoir l'espérer.

ADÈLE.

Vous croyez qu'ils consentiront?.....

BLINVILLE.

Ils ne desirent que votre bonheur.

ADÈLE.

Mon cher Blinville, voudrez-vous bien leur en parler?

BLINVILLE.

Oui, Adèle, oui, je leur en parlerai.

ADÈLE.

Que vous êtes généreux !

BLINVILLE.

Pas trop, en vérité. Le sacrifice est pénible, mais je sens qu'il est nécessaire.

ADÈLE.

Mettez le comble à vos bontés. Julien souffre, Julien est inquiet...

BLINVILLE.

Et Adèle partage sa juste impatience. Voyons. Je me flattois tout-à-l'heure d'être votre époux, je me borne maintenant à l'emploi de confident : convenons de nos faits. Je vais tout simplement déclarer à votre père que vous ne m'aimez pas.

ADÈLE.

C'est bien dur.

BLINVILLE.

Mais c'est bien vrai.

ADÈLE.

A la bonne heure; mais....

BLINVILLE *reprenant*.

Je lui dirai donc que vous ne m'aimez pas, et que j'en suis très-fâché; que vous en aimez un autre, qui justifie sa tendresse par mille bonnes qualités... N'est-ce pas cela?

ADÈLE.

Oui, c'est cela précisément.

BLINVILLE.

Et que l'homme qui plait à sa fille est celui qui lui convient le mieux.

ADELE.

C'est charmant, c'est admirable.

BLINVILLE.

N'est-il pas vrai? Je l'entends : éloignez-vous.

ADELE *fait quelques pas et revient*.

Vous donnerez un certain développement à vos idées?

BLINVILLE.

Oh, je les développerai dans toute leur étendue.

ADELE, *même jeu*.

Prenez cela d'un peu loin.

BLINVILLE.

C'est bien mon intention.

COMÉDIE. 27

ADÈLE *sortant.*

Je m'abandonne entièrement à vous.

BLINVILLE.

La mission est originale ; mais je la remplis volontiers, et je serois désolé de ne pas réussir.

SCÈNE IX.

DÉRICOURT, BLINVILLE.

DÉRICOURT *gaîment.*

Tu vas me trouver un peu enfant ; mais j'avoue mon foible. J'aime à jouir, sur-tout quand mes jouissances sont aussi intimement liées à celles de ce que j'ai de plus cher. Tu as vu ma femme, tu quittes ma fille, et je te trouves un air de gaîté qui me persuade que tout va bien.

BLINVILLE.

J'espère au moins que ça ira.

DÉRICOURT.

Ma femme consent ?

BLINVILLE.

Oui, ta femme consent à mon mariage. Elle m'a même témoigné sa satisfaction d'une manière infiniment flatteuse, et que je ne dois sans doute qu'à l'amitié qui m'unit à toi.

DÉRICOURT.

Pour ma fille, je suis bien certain...

BLINVILLE.

Elle consent aussi à se marier, elle m'a ouvert son cœur avec la franchise et l'énergie d'une jeune personne qui aime pour la première fois.

DÉRICOURT.

Eh bien, te voilà avec tes craintes et ta ridicule modestie.

L'ORPHELIN,

BLINVILLE *à part.*

Elles n'étoient pas mal fondées.

DÉRICOURT.

Ah ça, mon ami, il faut terminer promptement.

BLINVILLE.

Oui, le plutôt sera le mieux.

DÉRICOURT.

Faire venir le notaire.

BLINVILLE.

Et signer le contrat.

DÉRICOURT, *fausse sortie.*

Je vais le mander à l'instant.

BLINVILLE.

Je te le conseille, et s'il survenoit quelques difficultés, je tâcherois de les lever avant son arrivée.

DÉRICOURT.

Des difficultés ? je n'en prévois pas, à moins que tu ne les fasse naître.

BLINVILLE.

Au contraire. Je suis l'homme du monde le plus accommodant.

DÉRICOURT.

Je donne à ma fille la moitié de ma fortune.

BLINVILLE.

C'est plus qu'il n'en faut à un homme raisonnable.

DÉRICOURT.

Je connois la tienne. Finissons cette affaire aussi gaîment que nous l'avons ébauchée, et que demain il n'en soit plus question.

BLINVILLE.

Il y a un petit incident qui m'embarrasse un peu, et dont il faut cependant te donner connoissance.

COMEDIE.

DÉRICOURT.

Un incident ?

BLINVILLE.

Oui.

DÉRICOURT.

Qui t'embarrasse ? Explique-toi ; je lève toutes les difficultés.

BLINVILLE.

Je vais parler. Ta fille se marie...

DÉRICOURT.

Après ?

BLINVILLE.

Mais ce n'est pas avec moi.

DÉRICOURT.

Ce n'est pas avec toi ?

BLINVILLE.

Non, ce n'est pas avec moi.

DÉRICOURT.

Blinville ?

BLINVILLE.

Oh ! tu vas te fâcher. Crois-tu que je sois le seul homme au monde qui puisse épouser ta fille ?

DÉRICOURT.

Je ne connois personne qui lui convienne comme toi.

BLINVILLE.

Mais Adèle a quelqu'un qui lui convient davantage.

DÉRICOURT.

Adèle a une inclination, et elle me l'a caché ?

BLINVILLE.

Les filles ont toujours une arrière-pensée, et le père le plus aimé et le plus respectable inspire une sorte de crainte qui repousse la confiance.

DÉRICOURT.

Ne suis-je pas son meilleur ami ?

BLINVILLE.

Sans doute.

DÉRICOURT.

Elle devoit tout me déclarer.

BLINVILLE.

Je te le déclare, n'est-ce pas la même chose ?

DÉRICOURT.

Je ne t'aurois pas exposé à un désagrément...

BLINVILLE.

Je ne me plains pas : qu'as-tu à dire ?

DÉRICOURT *rêvant.*

Adèle ne t'aime pas ! cela m'étonne.

BLINVILLE.

Moi, je ne vois là rien d'étonnant.

DÉRICOURT.

Voilà qui dérange furieusement mes projets.

BLINVILLE.

Pourquoi ? J'ai un revenu bien passable et bien acquis, je le mangerai avec toi. Tu avois un ami, eh bien, tu en auras deux.

DÉRICOURT.

En comptant le gendre futur ?

BLINVILLE.

Le gendre futur.

DÉRICOURT.

Tu le connois donc ?

BLINVILLE.

Parfaitement.

DÉRICOURT.

Et tu approuves le choix de ma fille ?

BLINVILLE.

Il est digne d'elle et de toi.

COMEDIE.

DÉRICOURT.

Ton suffrage est d'un grand poids. Cependant, mon ami, je suis bien aise, avant de répondre, de savoir quel est l'homme qui se propose.

BLINVILLE.

C'est trop juste. Voici son portrait physique et moral. Il est jeune.

DÉRICOURT.

Après ?

BLINVILLE.

De la figure la plus heureuse.

DÉRICOURT.

C'est quelque chose.

BLINVILLE.

Il a des talens.

DÉRICOURT.

Tant mieux.

BLINVILLE.

Le cœur excellent.

DÉRICOURT.

Bon cela.

BLINVILLE.

Et toutes les vertus qui rendent un homme estimable.

DÉRICOURT.

A merveille... Adèle l'aimoit en silence, et elle a attendu pour se déclarer qu'il fût question de la donner à un autre ? Mon ami, cette réserve m'afflige, parce que je ne la mérite point. L'homme que tu viens de peindre peut prétendre à tout, et Adèle devoit assez compter sur son père pour se confier entièrement à lui. Ce jeune homme a-t-il du bien ?

BLINVILLE.

Pas le sou. Mais qu'importe.

DÉRICOURT.

Un peu de fortune ne gâteroit rien : au reste, le bonheur ne s'achète pas. Son nom?

BLINVILLE.

Julien.

DÉRICOURT.

Blinville?

BLINVILLE.

Déricourt?

DÉRICOURT.

Que me proposez-vous?

BLINVILLE.

Ce que vous venez d'approuver. Le nom du prétendu ne fait rien à la chose.

DÉRICOURT.

Le nom ne fait rien; mais l'homme est tout.

BLINVILLE.

Julien sera donc ton gendre.

DÉRICOURT.

Discutons d'abord; je répondrai ensuite.

BLINVILLE.

Oh, tu vas opposer de vieux et ridicules préjugés au plus doux penchant de la nature.

DÉRICOURT.

Pas du tout. Mais je veux voir comment vous vous y prendrez avec votre sang-froid et votre esprit, pour excuser la conduite de Julien.

BLINVILLE.

Je ne crois pas qu'elle ait besoin de l'être.

DÉRICOURT.

C'est un peu fort. Un jeune homme que j'ai élevé, pour qui j'ai tout fait...

BLINVILLE.

Et qui s'est acquitté par son respect, sa reconnoissance, par dix ans de travaux et l'accroissement rapide de ta fortune.

DÉRICOURT.

COMEDIE.

DÉRICOURT.

Oser aimer ma fille, et l'aimer en secret! Ingratitude, séduction.

BLINVILLE.

Ni l'un ni l'autre. Il aime Adèle et il a raison, car elle est fort aimable. Tous deux jeunes, intéressans, sensibles, ils devoient se plaire et se sont plu. Egaré par tes préventions, tu cherches un coupable ; mais, comme l'a très-bien dit un grand homme, entre jeunes gens du même âge il n'y a de séducteur que l'amour.

DÉRICOURT.

Tu es tolérant à un point...

BLINVILLE.

C'est que je suis raisonnable.

DÉRICOURT.

Et je ne le suis pas, n'est-il pas vrai ?

BLINVILLE.

Quelquefois, mon ami, quelquefois.

DÉRICOURT.

C'est trop honnête, en verité. Il est cependant bien naturel de desirer savoir à qui on s'allie ; et Julien qui ne connoit pas sa famille...

BLINVILLE.

Nous y voilà. Toujours les préjugés à la place des principes! Connois-tu un homme plus estimable que Julien?

DÉRICOURT.

Non.

BLINVILLE.

N'est-il pas...

DÉRICOURT, *avec impatience.*

Il est tout, vous me l'avez déjà dit, honnête, sage, laborieux, intelligent.

C

BLINVILLE.

Avec ces qualités, a-t-on besoin de parens ? Il y a quelques années, un homme nul se paroit encore des vertus de ses ancêtres, et nous admirions un sot décoré d'un grand nom. Bêtise, puérilité. L'homme que j'admire, moi, n'est pas celui qui brille d'un éclat emprunté ; mais celui qui ne doit rien aux autres, et tout à lui-même ; et cet homme, c'est Julien. Tu es tellement pénétré de cette vérité, que tu l'associes à ton commerce ; et tu lui refuses Adèle ! Toi, bon Citoyen, bon mari, bon père, tu ne rougirois pas de condamner ta fille à dévorer son cœur, à ne voir en toi que l'auteur de ses peines, tu perdrois son estime, celle de ta femme et la mienne pour de vaines opinions ? Mais je connois mon ami, il ne peut être heureux que du bonheur de sa famille ; il abjurera un moment d'erreur, et couronnera la tendresse de deux enfans pour qui je ne l'aurai pas vainement imploré.

DÉRICOURT.

Blinville, je suis ferme ; mais sans obstination, et jamais je n'ai résisté à de bonnes raisons. Si je croyois que ma femme approuvât...

BLINVILLE.

Laissons agir Adèle et Julien. L'amour est éloquent : ils parleront à son cœur ; et le cœur d'une mère a tant de plaisir à se rendre !

DÉRICOURT.

D'ailleurs elle aime tant cet aimable jeune homme...

BLINVILLE.

Que tu n'auras peut-être que le mérite de l'avoir prévenu.

DÉRICOURT.

Je le voudrois, mon ami, et je suis enchanté que tu ayes victorieusement combattu, non pas des préjugés, mais les foibles craintes qui m'ont un instant arrêté.

BLINVILLE.

Le Notaire, vite le Notaire, car tu es pressé de jouir, sûre-

COMÉDIE.

tout quand tes jouissances tiennent d'aussi près à celles de ce que tu as de plus cher.

DÉRICOURT *souriant*.

Oui, le Notaire, et à l'instant.

SCÈNE X.

HÉLÈNE, DÉRICOURT, la citoyenne DÉRICOURT, BLINVILLE.

DÉRICOURT *très-gaîment, à sa femme*.

Ma femme, j'envoie chercher mon Notaire, et dans deux heures, je l'espère, tout le monde ici sera parfaitement heureux. Je te ménage une surprise.... mais une surprise.... Adèle te contera cela, elle te contera cela. (*Il sort avec Blinville.*)

SCÈNE XI.

HÉLÈNE, la citoyenne DÉRICOURT.

HÉLÈNE.

Une surprise ! Que peut-ce être ?

La citoyenne DÉRICOURT.

Sans doute, quelque nouveau bienfait.

HÉLÈNE.

Que cette journée est heureuse ! Que de raisons elle vous donne de dissiper enfin des alarmes....

La citoyenne DÉRICOURT.

Mes remords me restent.

HÉLÈNE.

Vous êtes cruelle envers vous-même. Vous vous jugez avec une rigueur.

La citoyenne DÉRICOURT.

Est-il un être vertueux qui puisse m'absoudre ?

HELENE.

En est-il un qui vous fasse un crime d'un moment de foiblesse effacé par dix-huit ans de vertus ?

La citoyenne DERICOURT.

Heureuse fille, tu ne conçois pas l'état d'un cœur tourmenté par le souvenir d'une faute irréparable. Julien vivra dans l'aisance ; mais il devra tout à Déricourt, à Déricourt que j'ai trompé, que je trompe encore, et que je ne peux éclairer sur cet affreux événement. Homme bienfaisant, époux sensible, il est loin de soupçonner que ses qualités même ajoutent à mes tourmens.

HELENE *à part*.

Que son état me touche !

La citoyenne DERICOURT.

J'avoue cependant que le mariage d'Adèle et de Blinville adoucit l'amertume de ma situation. Ma fille épouse un homme aimable, elle sera heureuse, et ce lien calme des craintes qui devenoient plus vives chaque jour.

HELENE.

Et que pourriez-vous craindre encore ?

La citoyenne DERICOURT.

Te l'avouerai-je, ma chère Hélène ? J'avois cru remarquer entre Adèle et Julien de ces choses qui ne ressemblent pas à la simple amitié. Regards furtifs, soupirs contraints, extrême confiance, extrême réserve, gaîté sans cause, tristesse sans motif, la pâleur de la crainte, le coloris de l'espoir et de la pudeur.... Rien n'échappe à l'œil d'une mère. J'ai frémi cent fois en pensant que le crime ainsi que la vertu peut être héréditaire. Alors je me suis reproché d'avoir gardé près de moi ce malheureux Julien. Cependant, que pouvois-je faire ? trop fière pour confier ma foiblesse, trop tendre pour abandonner un enfant à qui, toute coupable qu'elle est, la nature devoit une mère, j'ai mieux aimé exposer mon repos que son existence... Mais Déricourt, Déricourt, qui parle de ma vertu, qui nomme Julien son second enfant, qui me remercie... L'affreuse vérité est loin de son esprit : elle est toute entière dans sa bouche, et me tue... Hélène, Hélène.

HÉLÈNE.

Calmez-vous, de grace, calmez-vous... Des larmes !

La citoyenne DÉRICOURT.

Je n'ai pas même la triste satisfaction de leur donner un libre cours. Ah ! laisse-les couler ces larmes que je ne puis verser que dans ton sein.

HÉLÈNE, *se remettant très-promptement.*

C'est Francisque : remettez-vous ; rentrez.

La citoyenne DÉRICOURT.

Hélène, tu m'aimeras toujours, tu me l'as promis ? Je ne t'ai que trop affligé de ma douleur. Mais si j'ai perdu mes droits à ton estime, j'en ai encore à ta sensibilité. (*Hélène lui baise la main, elle l'embrasse et rentre.*)

SCÈNE XII.

HÉLÈNE, FRANCISQUE.

HÉLÈNE.

Eh, où vas-tu dans cet équipage ?

FRANCISQUE.

Je suis courier, je vais à Paris ; et toutes mes idées que vous traitiez de chimères, sont pourtant réalisées.

HÉLÈNE.

Quels contes il me fait !

FRANCISQUE.

Vous verrez qu'on ne pourra pas croire ce qu'on a vu et entendu.

HÉLÈNE.

Et qu'as-tu entendu, voyons ?

FRANCISQUE.

Adèle embrassoit son père, et Julien étoit à ses genoux.

HÉLÈNE.

Qu'est-ce que cela prouve ?

FRANCISQUE.

Qu'on les marie.

HÉLÈNE *émue*.

Te tairas-tu, avec tes suppositions ?

FRANCISQUE.

Je suppose, à présent ! Et le Notaire que je vais chercher ?

HÉLÈNE.

C'est pour le mariage d'Adèle...

FRANCISQUE.

Avec Julien.

HÉLÈNE.

Avec Blinville.

FRANCISQUE.

Avec Julien, vous dis-je. Il remercioit le citoyen Déricourt avec une tendresse, un feu, un...

HÉLÈNE.

Il l'associe à son commerce, et le Notaire doit dresser l'acte de société.

FRANCISQUE *étonné*.

Bah !

HÉLÈNE, *le contrefaisant*.

Bah ! Adèle épouse Blinville, c'est une affaire arrangée de ce matin.

FRANCISQUE.

Blinville n'avoit pourtant pas l'air de l'épouseur. Il étoit debout devant la cheminée, la tête sur son coude, et rêvant, je ne sais à quoi.

HÉLÈNE.

Mais tu écoutes, et tu observes avec une grande exactitude.

FRANCISQUE.

Quand on écoute et qu'on observe, il n'en coûte pas plus de bien entendre et de bien voir... Si on m'avoit consulté, Adèle ne seroit pas sa femme.

HÉLÈNE.

On a eu très-grand tort de ne pas te demander ton avis.

FRANCISQUE.

Vous croyez rire. Si ceux qui nous emploient ont plus d'argent que nous, nous avons quelquefois plus de bon sens qu'eux, et l'un vaut bien l'autre. J'ai pourtant bien de la peine à croire que je me sois trompé.

HÉLÈNE.

Eh, mon dieu, que t'importe ?

FRANCISQUE.

Je le saurai avant mon retour.

HÉLÈNE.

Comment cela ?

FRANCISQUE.

Le Notaire préparera le contrat, et je lirai par-dessus son épaule.

HÉLÈNE.

Pars donc. C'est le moyen d'être plutôt instruit.

FRANCISQUE.

Vous avez raison. Je pars à l'instant. Mais j'étois bien aise de vous faire mes adieux.

HÉLÈNE.

Je te remercie.

FRANCISQUE *sortant*.

Vous savez que je n'ai jamais manqué l'occasion de vous faire une honnêteté.

SCENE XIII.

HÉLÈNE seule.

QUELLE curiosité ! quel bavardage ! Ce garçon m'inquiéteroit, si ce mariage n'étoit définitivement arrêté. Cependant ses réflexions sur Adèle et Julien, les observations de leur mère me tourmentent malgré moi, quoique les faits les contredisent. Cette digne femme a raison. Il n'est pas de repos pour un coupable, puisque la seule amitié qui m'attache à elle est si inquiète et si pénible.

(Dans l'entre-acte des domestiques viennent ôter ce qui a servi au déjeûner, et préparent la table pour le troisième acte.)

FIN DU PREMIER ACTE.

ACTE SECOND.

SCÈNE PREMIERE.

HELENE, la citoyenne DÉRICOURT.

La citoyenne DÉRICOURT.

HÉLÈNE, mon trouble me suit par-tout. J'ai eu tantôt un moment de relâche, et maintenant mes craintes renaissent avec plus de force encore.

HÉLÈNE.

Vous êtes ingénieuse à vous créer des chimères !...

La citoyenne DÉRICOURT.

Non, je ne me livre point à des chimères, je vois juste, et je pressens tout ce que j'ai à redouter.

HÉLÈNE.

Qui peut donc faire renaître vos alarmes ?

La citoyenne DÉRICOURT.

Je viens de passer devant le cabinet de mon mari. J'ai apperçu Adèle et Julien. Un coup-d'œil rapide comme l'éclair, a confirmé mes soupçons. J'ai cru voir le délire, l'ivresse de l'amour. Déricourt jouissoit de leurs transports. Hélas! il les croit innocens.

HÉLÈNE.

Vous le dirai-je ? Des pressentimens pénibles m'ont agitée et m'agitent encore !

La citoyenne DÉRICOURT.

Avec un homme tel que Déricourt, Adèle et Julien n'auront eu besoin que de se déclarer. Blinville lui-même peut favoriser une flamme, qu'il est incapable de sentir. Que les gens sans passions sont heureux ! s'ils n'ont pas de jouissances, du moins n'ont-ils pas de regrets... Hélène, il est une main invisible qui ne laisse rien impuni, et qui va s'appesantir sur moi.

HÉLÈNE.

Vous oubliez vos amis, vous vous oubliez vous-même. Vous périrez victime de l'illusion, ou de la réalité.

La citoyenne DÉRICOURT.

Le tombeau est le seul asyle qui me reste. Heureuse, si mon repos n'y est pas troublé, ou par d'horribles souvenirs, ou par les vengeances que j'ai attirées sur ma tête.

SCENE II.

HÉLÈNE *qui sort dans le courant de la scène*, la citoyenne DÉRICOURT, JULIEN.

JULIEN.

Tout ce qui intéresse les hommes, l'estime des honnêtes gens, les dons de la fortune, les faveurs de l'amour, se réunissent aujourd'hui pour me faire oublier mes premiers malheurs. Votre aveu manque encore à ma félicité.

La citoyenne DÉRICOURT.

Que dites-vous?

JULIEN.

Je vous dois mon éducation, mes mœurs, et une existence que vous m'avez conservée. Ma reconnoissance m'acquitteroit, si on pouvoit jamais s'acquitter de tels bienfaits. Cependant vous pouvez y mettre le comble; ou plutôt, si vous devez rejetter mes prières, vous n'avez rien fait pour moi.

La citoyenne DÉRICOURT.

Entends-tu, Hélène, entends-tu?

JULIEN.

Vous avez une fille à laquelle je ne pouvois pas prétendre, et que je ne devois point aimer. Une fièvre ardente me consumoit, et je n'en connoissois pas le remède; j'étois tout à Adèle, et je ne soupçonnois pas le danger. Adèle élevée avec moi, habituée à me voir, à inspirer et à sentir cette douce confiance qui surprend les ames, Adèle m'aimoit et elle ignoroit encore qu'elle eût un cœur.

La citoyenne DÉRICOURT, à part.

Quelle horrible confidence !

JULIEN.

Un homme sensible connoît notre situation, et il porte nos vœux aux pieds de votre époux. Déricourt n'a pas dédaigné un homme qui n'a pour lui que l'active amitié de ses protecteurs. Il m'a accueilli, il a regardé sa fille, elle a rougi, et il m'a nommé son gendre.

La citoyenne DÉRICOURT tombant dans un fauteuil.

Ah, malheureuse ! voilà le dernier coup.

JULIEN.

Va, m'a-t-il dit, va trouver ma femme : dis-lui que je te destine à faire le bonheur de ma fille, et ses bras te seront ouverts.

La citoyenne DÉRICOURT, se relevant en désordre.

Julien... Julien... tu veux... tu espères !...

JULIEN.

Je ne veux rien ; mais je supplie. Sans Adèle il n'est pas de bonheur pour moi, sans moi il n'en est point pour Adèle.

La citoyenne DÉRICOURT, avec un désespoir concentré.

Non, jamais... jamais..

JULIEN, suppliant.

Adèle est votre fille, et vous m'avez tenu lieu de mère.

La citoyenne DÉRICOURT.

Eh, je le suis, malheureux !

JULIEN.

Ah, si je pouvois vous croire !

La citoyenne DÉRICOURT.

Ah, si je pouvois l'oublier !

JULIEN.

Et vous me refusez Adèle !

L'ORPHELIN,

La citoyenne DÉRICOURT, *se remettant.*

Vous n'êtes pas nés l'un pour l'autre.

JULIEN.

Opposez-moi des raisons ; je les combattrai, je les détruirai.

La citoyenne DÉRICOURT.

Vous le croyez, jeune homme ?

JULIEN.

J'en suis certain.

La citoyenne DÉRICOURT.

Ah, si je pouvois parler !

JULIEN.

Je vous en conjure.

La citoyenne DÉRICOURT.

Je me tais.

SCÈNE III.

JULIEN, la citoyenne DÉRICOURT, ADÈLE.

JULIEN.

Adèle, on me repousse. Ce que je dois à tes parens, la honte attachée au malheur de ma naissance, et qui pourtant ne devroit pas tomber sur moi...

La citoyenne DÉRICOURT.

Tais-toi, de grace, tais-toi.

JULIEN.

Tout m'impose silence. Mais toi, qui m'as donné ton cœur, toi qui as l'aveu de ton père, tu feras parler la nature et la raison. Viens, mon Adèle, secoure-moi ; tombe avec moi aux genoux d'une mère sensible qui me rejette, et qui ne te résistera pas.

ADÈLE & JULIEN, *à genoux.*

Ma mère !

COMEDIE.

La citoyenne DÉRICOURT.

Seriez-vous à mes pieds, si je pouvois me rendre à vos prières? Quoi! tu veux être mère et tu ne soupçonnes pas encore la force, l'abandon du sentiment qui m'attache à toi!

ADÈLE.

Je ne sais, ma mère; mais il me semble que ma fille n'embrasseroit pas en vain mes genoux. Qu'est devenue cette tendre sollicitude qui ne s'occuppoit que de ma félicité?

La citoyenne DÉRICOURT.

Cruel enfant! le cœur d'une mère change-t-il jamais?

ADÈLE.

Prouvez-le-moi. Je suis malheureuse, suppliante; et vous me résistez!

La citoyenne DÉRICOURT.

J'ai prononcé l'arrêt: rien ne peut le faire révoquer.

ADÈLE *se levant, d'un ton ferme*.

Mon père a aussi prononcé.

La citoyenne DÉRICOURT.

Oserez-vous vous en prévaloir?

ADÈLE, *montrant Julien*.

Eh! que lui reprochez-vous?

La citoyenne DÉRICOURT.

Rien.

JULIEN.

Et elle ne sera pas à moi!

La citoyenne DÉRICOURT.

Non, jamais.

JULIEN, *d'une voix étouffée*.

Vous êtes injuste, tyrannique.

ADÈLE, *très-vivement*.

Julien, tu parles à ma mère. (*à sa mère.*) Pardonnez-lui, pardonnez-lui, ma mère. Il s'est oublié, c'est la première fois de sa vie, ce sera la dernière.

JULIEN.

Oui, je m'égare... mais dois-je payer vos bienfaits par le sacrifice le plus déchirant?

La citoyenne DÉRICOURT, *prenant la main à Adèle et la fixant.*

Adèle, sois toujours vertueuse. La pente du crime est facile, la femme la plus chaste peut être foible, et le souvenir d'une foiblesse est si cuisant !

ADÈLE.

Qu'ont de commun ces étranges réflexions et notre amour ?

La citoyenne DÉRICOURT.

Votre amour ? votre amour... Ah ! je l'avois prévu, le crime est héréditaire.

ADÈLE.

Je ne vous entends plus.

La citoyenne DÉRICOURT.

Puisses-tu ne jamais m'entendre !

ADÈLE.

Ma mère, je vous implore encore pour la dernière fois. Ayez pitié de votre fille ! elle a votre sensibilité, elle a votre ame toute entière. Vous avez aimé, souvenez-vous-en : oui, vous avez aimé, ma mère ; et vous me défendez d'avoir un cœur !

La citoyenne DÉRICOURT, *les pressant contre son sein.*

Mes enfans, si vous saviez le mal que vous me faites ; si vous pouviez lire dans ce cœur que vous brisez, et dont les peines sont bien plus amères que les vôtres.... Ménagez une mère qui vous aime ; ne l'exposez plus à des combats, inutiles pour vous, et pénibles pour elle ; gardez sur-tout de l'accuser auprès de son époux : ses prières, son autorité, tout seroit sans effet : vous ajouteriez à mes maux, sans rien changer à ma résolution.

JULIEN.

Nous en mourrons, et vous l'aurez voulu !

La citoyenne DÉRICOURT, *d'un ton sec, et avec délire.*

La douleur ne tue pas.... Non, Julien, elle ne tue pas.

ADÈLE, *éplorée.*

Eh ! que dirons-nous à mon père ?

La citoyenne DÉRICOURT.

Je ne sais..... mais mon repos est entre vos mains. Consultez votre délicatesse, votre reconnoissance ; elles vous inspireront.... Allez, mes enfans, laissez-moi.

ADÈLE.

Viens, mon ami, viens. Si nous ne pouvons être heureux, nous pourrons du moins pleurer ensemble.

SCÈNE IV.

La citoyenne DÉRICOURT seule.

Quelle épreuve, quelle épreuve! J'ai senti vingt fois l'affreuse vérité prête à m'échapper ; et mes forces sont épuisées. (*Elle s'assied.*) Ce jeune homme est né pour mon malheur et pour le sien..... Que dis-je? la nature les entraîne l'un vers l'autre : la nature trompe-t-elle jamais?... Mon secret est encore à moi ; je puis me taire encore ; je puis couronner des feux..... où vais-je m'égarer? Malheureuse! un crime que les sauvages même ont en horreur!

SCÈNE V.

La citoyenne DÉRICOURT, FRANCISQUE.

FRANCISQUE *faisant grand bruit.*

J'arrive de Paris, et j'en reviens à toute bride.

La citoyenne DÉRICOURT.

Tu m'importunes, bon Francisque.

FRANCISQUE, *dans l'excès de la joie.*

Vous êtes triste ; vous avez deviné le secret d'Adèle, et vous croyez encore qu'on la marie à Blinville ; détrompez-vous, on la donne à Julien ; le Notaire me suit ; l'acte est dressé, je l'ai vu, je l'ai lu.... Ce pauvre Julien! Je me sens rajeunir de vingt ans. Oh! j'en perdrai l'esprit.

L'ORPHELIN,

La citoyenne DÉRICOURT *se levant avec force.*

Sors, sors, je le veux, je t'en prie.

FRANCISQUE *stupéfait.*

Vous ne m'avez donc pas entendu ?

La citoyenne DÉRICOURT.

Sors, te dis-je, je veux être seule.

FRANCISQUE *sortant.*

Si j'y comprends rien, que le diable m'emporte !

SCÈNE VI.

La citoyenne DÉRICOURT *seule.*

Ils semblent tous ligués contre moi. Ce domestique veut prouver son attachement, et il déchire ma blessure. Quelle insupportable existence ! Ciel, Blinville !

SCÈNE VII.

La citoyenne DÉRICOURT, BLINVILLE.

BLINVILLE.

Je quitte Adèle et Julien. Ils souffrent, ils gémissent, et c'est vous qui faites leur malheur. J'aurois cru que la mère la plus aimante et la plus respectable motiveroit du moins un refus, qui, sans doute, est établi sur les raisons les plus fortes, mais que personne ne peut prévoir.

La citoyenne DÉRICOURT.

Vous ne pouvez les prévoir ; mais elles existent. Vous voyez mon état, il est cruel : plaignez-moi, et n'exigez rien de plus.

BLINVILLE.

Non, Citoyenne, je ne m'en tiendrai pas à une compassion stérile : permettez-moi quelques réflexions; vous les supporterez, car vous les trouverez raisonnables. Votre époux a consenti au bonheur de sa fille et d'un jeune homme que vous

aimez

aimez tendrement : peut-être le desir de vous plaire l'a-t-il déterminé autant que mes instances. Le mariage est arrêté ; vos enfans se font un plaisir de vous l'annoncer eux-mêmes ; ils viennent vers vous avec la confiance que leur inspire un amour innocent et l'habitude de vos bontés ; ils en espéroient une preuve nouvelle, et ils n'éprouvent qu'une sévérité sèche, repoussante, et qui ne persuade jamais.

La citoyenne DÉRICOURT.

Je n'ai point de torts envers ces jeunes gens.

BLINVILLE.

Je le crois, je me plais à le croire ; mon estime me répond de vous, et vous la justifierez en expliquant vos refus avec la franchise que vous devez à la mienne.

La citoyenne DÉRICOURT.

Je ne le puis.

BLINVILLE.

Citoyenne, il le faut.

La citoyenne DÉRICOURT, à part.

Ils ne me laisseront pas un moment de repos.

BLINVILLE.

Mon amitié vous paroît exigeante ? c'est qu'elle est vive, raisonnée, et qu'elle sent les maux que peut causer votre silence. Des enfans au désespoir, un époux sensible, mais ferme, qui peut se rendre à des raisons solides, mais qui ne supportera pas une réserve offensante, la paix bannie de votre maison, des divisions, des haines dont les tristes effets nous seront communs à tous : voilà, Citoyenne, voilà quelle sera une famille si long-temps unie, si long-temps heureuse, et qui le seroit toujours sans votre inconcevable résistance.

La citoyenne DÉRICOURT.

Je vous éclairerois d'un mot ; mais ce mot ajouteroit aux maux que vous redoutez. Ne peut-on avoir un secret pour son ami ?

BLINVILLE.

Non, Madame, on n'en a point de cette nature. Une ame honnête ne sacrifie pas ce qui l'entoure à des fantaisies, à des

D

caprices, pardonnez-moi le mot, oui, Madame, à des caprices : vous parleriez, si vous pouviez avoir raison.

La citoyenne DÉRICOURT.

Eh bien, je parlerai : vos importunités m'excèdent. Vous voulez que je perde votre estime, votre amitié, celle de mon époux, de mes enfans, vous voulez que je me perde moi-même : je vais vous satisfaire. Aussi bien, ce secret m'accable, m'oppresse, et je ne puis le renfermer plus long-temps.

BLINVILLE.

Je frémis.

La citoyenne DÉRICOURT.

Ce Julien, que j'aime si tendrement et qui veut épouser Adèle.... ce Julien, sans qui je ne peux vivre, et qui, peut-être, me croit son ennemie...... (*Se cachant dans le sein de Blinville.*) Je ne puis achever..... non, je n'achèverai point. Blinville, je suis une femme infortunée et criminelle, qui n'ose envisager son époux, qui tremble devant son ami, et qui court cacher ses larmes, ses remords et son désespoir.

SCÈNE VIII.

BLINVILLE *seul.*

Je suis anéanti, confondu. La femme la plus honnête en apparence, seroit-elle la plus coupable ? Ce Julien qu'elle aime si tendrement ; ce Julien, sans qui elle ne peut vivre ; son époux qu'elle n'ose envisager..... une passion désordonnée et terrible s'est-elle emparée de ce cœur qui ne sembloit fait que pour des sentimens doux ? est-ce à cette passion qu'elle immole son Adèle ? Julien est-il son complice ? que dis-je ? ses transports près de cette fille aimable ne sont pas étudiés ; c'est une ame brûlante qui s'exhale, et à qui le crime est encore étranger. C'est donc à sa jalousie que cette femme sacrifie ces enfans ! et je le souffrirois, moi, ennemi de l'oppression et de l'injustice ? Non : que le coupable souffre, et que la vertu soit heureuse.

SCÈNE IX.

DERICOURT, BLINVILLE.

DÉRICOURT *très-gaîment*.

LE Notaire est arrivé; le contrat est prêt; nous allons sourire à la joie douce de ces enfans, et tu partageras avec moi et leur bonheur et leur reconnoissance. A propos, as-tu vu ma femme?

BLINVILLE *contraint*.

Elle sort d'avec moi.

DÉRICOURT.

Nos jeunes gens lui ont parlé? elle est instruite?

BLINVILLE.

Oui, elle sait tout.

DÉRICOURT.

Elle a dû marquer sa surprise....

BLINVILLE.

Oh! d'une manière très-prononcée.

DÉRICOURT.

Et sa joie égale la mienne?

BLINVILLE.

Pas tout-à-fait, mon ami.

DÉRICOURT.

Comment donc? dissimuleroit-elle le plaisir que lui fait ce mariage? Les femmes, comme les filles, auroient-elles une arrière-pensée?

BLINVILLE.

Ta gaieté est souvent très-piquante; mais ce n'est pas en ce moment.

DÉRICOURT.

Je marie ma fille; je la marie selon son cœur, et je ne serois pas gai?

BLINVILLE.

Elle n'est pas mariée encore. Tu n'es pas heureux en projets.

DÉRICOURT *reprenant le ton sérieux.*

J'espère que celui-ci ne rencontre aucun obstacle ?

BLINVILLE.

Au contraire, il en est un qui m'effraie, et que tu ne pourras lever qu'en déployant toute ta fermeté.

DÉRICOURT.

Tu m'effraies à mon tour. Qu'avons-nous donc à craindre ?

BLINVILLE.

Une opposition formelle de la part de ton épouse.

DÉRICOURT *surpris.*

Cela ne se peut pas.

BLINVILLE.

Cela est.

DÉRICOURT.

Et quelles sont les raisons de cette opposition ?

BLINVILLE.

Elle refuse d'en donner aucune.

DÉRICOURT.

Tu vois bien que c'est une plaisanterie.

BLINVILLE.

Non, non : rien n'est moins plaisant.

DÉRICOURT.

Que dois-je penser de ceci ? quels peuvent être les motifs de son refus ?

BLINVILLE.

Si je parlois à un homme sans caractère, j'emploierois des détours, j'adoucirois des images....

DÉRICOURT.

J'ai toujours eu la force d'entendre la vérité.

COMÉDIE.

BLINVILLE.

Eh bien, tu l'entendras. Cette confidence me peine, car je vais t'affliger ; mais je n'écoute que la voix de l'innocence et les loix de l'équité.

DÉRICOURT.

Quelque chose que tu aies à m'apprendre, parle ; je suis homme et résigné.

BLINVILLE.

Tes enfans ont vu ta femme ; ils ont présenté leurs vœux, elle les a rejettés ; ils ont supplié, elle s'est montrée inexorable ; ils l'ont quittée le désespoir dans le cœur, et sont venus déposer leur douleur dans le mien. Je l'ai attaquée à mon tour avec les forces réunies de l'amitié, de la délicatesse et du raisonnement : mêmes refus, même silence. Des passions violentes se heurtoient et la jettoient dans un désordre effrayant. Enfin, des mots entrecoupés m'ont donné des soupçons que la réflexion a confirmés.

DÉRICOURT.

Achève : quels sont ces soupçons ?

BLINVILLE.

Les passions sont terribles, leurs ravages inattendus et rapides ; et la femme la plus sage n'a pas toujours des forces suffisantes à leur opposer.

DÉRICOURT *s'écriant.*

Ma femme s'est manqué !

BLINVILLE.

Ta femme a combattu long-temps ; ses remords attestent,....

DÉRICOURT.

Et que m'importent ses combats et ses remords !

BLINVILLE.

Ces mots qui m'ont frappé vont fixer ton opinion et t'expliquer la conduite de ton épouse. « Ce Julien que j'aime » tendrement et qui veut épouser Adèle... ce Julien sans

» qui je ne peux vivre, mon époux que je n'ose envisager...
» son ami devant qui je suis tremblante...

DÉRICOURT.

Julien est l'amant de ma femme, et il prétend à ma fille!

BLINVILLE.

Julien est pur.

DÉRICOURT.

Ah, si je pouvois le croire!

BLINVILLE.

Je te réponds de lui.

DÉRICOURT.

Ma fille sera donc heureuse, et mon imprudente épouse pleurera seule sa folie.

BLINVILLE.

Oui, qu'Adèle soit heureuse; tu dois le vouloir et l'ordonner. Mais sa mère te devient-elle étrangère? une erreur, dont elle gémit, lui ôte-t-elle ses droits à ta pitié? L'abandonneras-tu à ses peines?

DÉRICOURT.

Non, mon ami. Je sais trop combien nous sommes foibles, et combien nous avons tous besoin d'indulgence. Si je n'ai à lui reprocher que l'erreur d'un moment, si elle peut entendre encore le langage du devoir et de la vertu, si j'ai conservé quelqu'ascendant sur son ame, je la ferai rougir, je la ramenerai, et je lui rendrai son époux.

SCÈNE X.

FRANCISQUE, DÉRICOURT, BLINVILLE.

FRANCISQUE *avec désordre et empressement.*

Julien est renfermé. Il veut être seul, il marche à grands pas; il ne voit ni n'entend rien. Je voulois le consoler, car je suis son ami. Vas, m'a-t-il dit, selle-moi un cheval, je pars, je quitte cette maison pour jamais. J'ai voulu répliquer, il m'a poussé hors de sa chambre, et je viens savoir si je dois lui obéir.

DÉRICOURT.

Gardes-t-en bien. Remonte chez ce jeune homme, dis-lui que je veux le voir à l'instant, et que je lui défends de sortir d'ici sans mon ordre.

SCÈNE XI.

DÉRICOURT, BLINVILLE.

DÉRICOURT.

IL ne consulte que la reconnoissance et l'honneur. Je l'en estime davantage; mais il ne partira pas. S'il faut une victime, ce n'est pas lui qui doit s'offrir. Mon parti est pris, et je serai inébranlable.

BLINVILLE.

Poursuis, et tu seras juste envers tout le monde. Je te laisse. Montre-toi père tendre, époux sévère, et n'oublie pas que l'extrême indulgence, en relâchant les liens de la société, tend à sa dissolution.

SCÈNE XII.

DÉRICOURT seul.

VINGT ans d'une conduite irréprochable démentis en un jour! le délire de la jeunesse dans l'âge de la raison! l'opinion publique méprisée, et pour qui? pour un enfant qui ne s'occupe pas d'elle. Toi que j'ai tant aimée, tu ne penses pas que ta fille innocente et vertueuse, aime aussi ce Julien devant qui elle n'a point à rougir.

SCÈNE XIII.

DÉRICOURT, JULIEN.

DÉRICOURT.

Ma fille vous est chère ; je vous l'ai accordée, et vous vous éloignez. Ma femme est tout pour vous, et vous m'oubliez, moi, à qui cependant vous devez quelque chose : vous abandonnez Adèle, à qui vous devez plus encore, et vous ne prévoyez pas les suites de votre démarche. Des occupations nouvelles, des objets intéressans vous distrairont peut-être. Mais que restera-t-il à ma fille quand elle vous aura perdu ? Le regret de vous avoir aimé, et le vuide d'un cœur, pour qui l'amour est un besoin, et dans lequel rien ne vous remplacera jamais. Pensez-y mûrement, jeune homme ; et sachez que le vain orgueil de remplir des devoirs exagérés ne peut en imposer à un homme de mon caractère.

JULIEN.

Je n'ai point d'orgueil, je n'exagère rien ; mais je connois mes devoirs et je les remplirai, tout cruels qu'ils sont. Je n'amenerai pas chez vous la discorde, je ne l'y verrai point exercer ses fureurs ; et deux époux, jusqu'ici fortunés, ne me reprocheront pas de les avoir désunis.

DÉRICOURT.

Je m'attends à ces divisions, j'y suis préparé, et j'y saurai mettre un terme.

JULIEN.

Je saurai, moi, les prévenir.

DÉRICOURT.

Dis que tu les rendras plus amères. Ma fille me redemandera Julien, et je te redemanderai à sa mère.

JULIEN.

Sa mère me rejette.

COMEDIE.

DÉRICOURT.

Tu n'en soupçonnes pas la cause ?

JULIEN.

Non ; mais je veux la respecter.

DÉRICOURT.

Tu serais indigné, si tu la connoissois.

JULIEN.

Quel langage ! quel front sévère !... Vous accusez votre épouse !

DÉRICOURT.

Si je l'accuse ! (*se reprenant.*) Non, mon ami, non, je ne l'accuse point... elle est toujours digne de moi.

JULIEN.

Ah, je ne suis donc pas tout-à-fait malheureux !

DÉRICOURT, *avec une feinte indifférence*.

Des préjugés... des erreurs... qui m'affectent, et qui ne changent rien à mes projets. L'aspect de votre félicité me consolera de bien des peines. (*Julien fait un mouvement.*) Je n'en ai point en ce moment, je suis heureux et tranquille... Mais l'âge, les infirmités qu'il amène... Renonce à ton dessein : tu dois cette marque de condescendance à ma fille, tu la dois à ma vive amitié. Demeure près de moi, je t'en prie, je te l'ordonne, et tu ne voudras ni m'affliger, ni me désobéir. Mon cher enfant, mets en moi toute ta confiance ; ne t'alarme pas d'un obstacle passager, et crois qu'il n'en est aucun qui puisse arrêter un bon père.

SCÈNE XIV.

JULIEN *seul*.

Il ne s'explique pas ; mais il en a dit assez pour confirmer ma résolution. Oui, le coup est porté. Il n'y a plus ici ni harmonie, ni estime. Que Déricourt me blâme, ou m'approuve, je sortirai de cette maison, et mon absence y rétablira l'ordre et la paix, que ma foiblesse en banniroit sans retour. Mais Adèle... Adèle! la laisser seule ici, l'abandonner à elle-même, me la représenter sans cesse combattant ses désirs et dévorant son cœur!... Cette idée insupportable me poursuivra par-tout.

SCÈNE XV.

JULIEN, ADÈLE.

JULIEN.

La voici. (à *Adèle*.) Viens prononcer entre l'amour et le devoir; viens soutenir mon courage ou me rendre à jamais méprisable; décide enfin du sort de ta mère, et dis-moi qui doit l'emporter d'elle ou de ton amant.

ADÈLE.

Si j'en suis réduite à cette cruelle alternative...

JULIEN.

Il faut opter et promptement. Demain, ce soir, dans une heure peut-être il ne sera plus temps.

ADÈLE.

Et c'est moi que tu interroges! Consulte ta probité: il faut n'écouter qu'elle.

JULIEN.

Je partirai donc.

ADÈLE.

Pars, je sais souffrir et me taire.

JULIEN.

J'emporterai ton image.

ADELE.

Et tu me garderas ton cœur.

JULIEN.

Quand on aime une fois...

ADÈLE.

Ah, oui! c'est pour la vie.

JULIEN, avec enthousiasme.

Je pars pour l'armée. La gloire et l'amour éleveront mon ame.

ADÈLE.

Sois François, sois Républicain. (*montrant son cœur.*) Ta récompense est là.

JULIEN.

Je la mériterai. Bien servir sa Patrie, bien aimer sa maîtresse...

ADÈLE.

C'est tout ce que peut un honnête homme, c'est tout ce qu'on peut attendre de lui.

JULIEN en pleurs.

Adieu, Adèle.

ADÈLE pressant sa main.

Adieu... adieu... Jusques à quand? (*ils s'embrassent.*)

JULIEN.

Nous nous attendrissons. Ce n'est point dans les pleurs qu'on s'arrache à ce qu'on aime.

ADÈLE.

Nous faisons assez pour la nature: donnons du moins un moment à l'amour. (*ils s'embrassent encore.*) Voilà mon portrait, je le destinois à mon époux. Mon père t'en a donné le titre; depuis long-temps ton Adèle t'avoit nommé en secret, ce portrait est à toi. Qu'il nourrisse ta tendresse, qu'il t'encourage à la vertu. Je sors. Mon ami, ne cherche plus à me revoir. Les forces humaines ont un terme, et l'épreuve ne peut aller plus loin.

SCÈNE XVI.

JULIEN *seul, après avoir considéré le portrait en silence.*

Voilà donc tout ce qui m'en reste, voilà mon unique consolation !... Adèle seule me tiendra compte de mes souffrances, les autres m'oublieront dans le sein du repos.

SCÈNE XVII.

JULIEN, FRANCISQUE.

FRANCISQUE.

Tu m'as renvoyé et je te cherche ; tu veux souffrir seul, et je viens m'affliger avec toi.

JULIEN.

Tu m'as élevé, tu t'es toujours montré mon ami ; je t'ai donné ma confiance, et tu l'as trahie.

FRANCISQUE.

Je n'ai cherché qu'à te servir. J'ai pu me tromper ; mais mes intentions étoient bonnes.

JULIEN.

Cela ne suffit pas toujours, tu le vois. Tu m'as exposé à des reproches qui m'honorent, mais que tu devois m'épargner.

FRANCISQUE.

Puis-je réparer ma faute ?

JULIEN.

Tu le peux, et tu le feras.

FRANCISQUE.

Parle : Francisque est tout à toi.

COMÉDIE.   61
JULIEN.

Mon bon ami, j'attends de toi un service; c'est le dernier que tu me rendras.

FRANCISQUE.

Ordonnes.

JULIEN.

Prépare tout pour cette nuit, je m'éloignerai, sans prendre congé de personne. Je t'adresserai quelquefois des lettres pour Adèle: tu les lui remettras, et tu me feras parvenir les siennes.

FRANCISQUE.

Tu es décidé?

JULIEN.

Irrévocablement.

FRANCISQUE.

Eh bien, tu partiras. Mais j'attends une grace à mon tour, et ta condescendance te répondra de la mienne.

JULIEN.

Explique-toi : tu me connois.

FRANCISQUE.

Je suis vieux; mais j'ai de quoi n'être à charge à personne. Ce que je possède est bien à moi, c'est le fruit de mon travail et de vingt ans d'économie. Je puis être utile à un ami malheureux, que sa douleur empêchera de penser à sa fortune. Julien, je te suivrai, et je ne suis discret qu'à cette condition. Mes consolations seront simples comme moi, je ne te ferai pas de phrases; mais j'ai un bon cœur, et tu entendras son langage.

JULIEN.

Honnête et respectable homme!..... Et voilà ceux qu'un fol orgueil humilioit! Francisque, ta proposition ne m'étonne pas; mais je ne puis l'accepter.

FRANCISQUE.

Ton refus m'offense, Julien. Crois-tu que le soutien de ton enfance ne soit pas digne d'être le compagnon de ta jeunesse?

JULIEN.

Je vais à l'armée ; je vais mener une vie errante, laborieuse, et ton âge ne te permet plus....

FRANCISQUE.

Ne suis-je pas Français aussi ? n'ai-je pas comme toi une Patrie à défendre, et du sang à lui offrir ?

JULIEN.

Je ne résiste plus. Oui, nous partirons ensemble. Mon ami, sois actif et discret ; je serai dans ce salon à minuit ; nous quitterons ces lieux en silence, ces lieux où tu as passé tes beaux jours, et où ce matin encore la fortune m'avoit flatté de l'espoir le plus doux et le plus mensonger.

SCÈNE XVIII.

FRANCISQUE seul.

Oui, je le suivrai par-tout ; et que puis-je faire de mieux ? Déricourt trouvera un domestique, et Julien chercheroit en vain un ami : l'infortune n'en donne pas encore. Ah ! voilà la confidente.

SCÈNE XIX.

FRANCISQUE, HÉLÈNE.

Je te trouve enfin. Il y a au moins une heure que je te cherche.

FRANCISQUE, *avec aigreur.*

C'est bien dommage.

HÉLÈNE.

Adèle a confié à sa mère le projet de Julien ; elle l'approuve....

FRANCISQUE.

C'est bien heureux.

HÉLÈNE.

Mais elle veut le voir en secret, avant qu'il s'éloigne ; et je te prie de te charger de la commission.

FRANCISQUE.

Faites vos commissions vous-même, et ne m'en rompez pas la tête.

HÉLÈNE.

Francisque le prend sur un ton bien haut.

FRANCISQUE.

Francisque n'aime pas ceux qui font leur cour par toutes sortes de moyens. Croyez-vous que je ne vous aie point observé, comme j'observe tous les autres ? croyez-vous que votre haine pour Julien m'ait échappée ? c'est vous qui le perdez : aussi, je ne vous aime pas, je vous le dis franchement. J'ai vécu avec vous politiquement ; mais je n'ai jamais été votre dupe, et je suis peut-être le seul de la maison que vous n'ayez pas trompé. (*Il s'éloigne.*)

HÉLÈNE.

Et ma commission, aimable Francisque ?

FRANCISQUE *se tait*.

Qu'on soit dans ce salon à minuit, on nous y trouvera.

SCÈNE XX.

HELENE *seule*.

Voilà comment sont faits les trois-quarts des hommes. Ils jugent sur les apparences, et leur jugement est sans appel.

SCÈNE XXI.

HELENE, BLINVILLE.

BLINVILLE, *avec le plus grand sang-froid*.

Vous êtes fort bien avec la citoyenne Déricourt. Je vous engage à de sérieuses réflexions sur les événemens de ce jour ; je vous invite à tourner votre crédit vers le bien général, à sentir enfin qu'une complaisance sans bornes peut, en vous maintenant dans l'esprit de la femme, vous perdre sans retour dans celui du mari : il peut être temps encore de penser à vos vrais intérêts ; souvenez-vous de la leçon, et laissez-moi.

SCÈNE XXII.

BLINVILLE seul.

Ces deux femmes sont intimement unies. Celle-ci, froide et réfléchie, exerce sur l'autre un empire absolu ; elle eût pu lui épargner des fautes graves ; elle eût pu, au moins, en prévenir les suites funestes, en se concertant avec un époux à qui elle doit aussi quelques égards.

SCÈNE XXIII.

DÉRICOURT, BLINVILLE.

DÉRICOURT, *hors de lui.*

Ne pensons plus aux moyens doux : l'égarement est au comble, et ne me laisse plus d'espoir. J'ai tout tenté, et je n'ai recueilli que la honte de m'être inutilement abaissé devant elle.

BLINVILLE *à part.*

Ah ! je l'avois prévu.

DÉRICOURT.

Je l'ai priée, conjurée de penser à sa gloire, à l'honneur, au repos d'un époux : je l'ai menacée d'user de mon autorité ; elle s'est montrée sourde à mes prières, rebelle à ma volonté ; je lui ai reproché sa passion criminelle, et mes justes reproches l'ont révoltée. Elle n'a point d'amour pour Julien, dit-elle : ce détestable amour ne peut entrer dans son cœur ; mais jamais il ne sera l'époux d'Adèle. Enfin, des larmes, des sanglots ont terminé cet entretien qui décide du malheur de ma vie.... J'étois prêt à pardonner, j'avois tort, je le sens.... mais j'étois attendri. Je sortois à pas lents, pas un effort pour me retenir, pas un mot qui pût me désarmer. Le nom de Julien

lien erroit sans cesse sur ses lèvres, et m'a rendu mon courage en réveillant mon indignation!

BLINVILLE.

Tu as fait ce que te prescrivoit ta délicatesse. Cette démarche étoit nécessaire, puisqu'elle pouvoit être utile : une seconde entrevue seroit déplacée et dangereuse.

DÉRICOURT.

Moi, retourner près d'elle ! je serois un lâche d'en avoir seulement la pensée. Je la reverrai, mais pour la dernière fois, et pour la contraindre à signer.

BLINVILLE.

Ce moment sera dur, sans doute. On mettra tout en œuvre pour te désarmer.

DÉRICOURT.

Manège inutile. Mon cœur lui est à jamais fermé ; il ne sera accessible à aucun sentiment, pas même à la pitié.

BLINVILLE *lui présentant la main.*

Tu es un homme, et tu as droit à mon respect.

DÉRICOURT, *à demi-voix.*

Evitons, cependant, un éclat inutile ; que ces scènes d'horreur se passent loin des étrangers. Ce salon est isolé : vers minuit tout reposera, hors la coupable et ses victimes ; c'est alors, c'est ici, que je terminerai ce mariage : il sera fait sous de cruels auspices ; puisse-t-il être plus heureux que le mien !

FIN DU DEUXIÈME ACTE.

E

ACTE TROISIÈME.

SCÈNE PREMIERE.

FRANCISQUE seul. (Il fait nuit.)

Tout est prêt ; la valise est faite, les chevaux sellés, la grille ouverte : rien ne peut nous retenir..... oui ; mais ces chevaux ne nous appartiennent pas.... eh bien, on les renverra par un commissionnaire ; après cela, cherche, bien fin qui nous trouvera. (*Tirant son porte-feuille.*) J'ai ici de quoi soutenir mon jeune ami deux ans au moins ; pendant ce temps là son chagrin s'adoucira, il s'occupera, on le connoitra, et il percera : c'est alors qu'il sera véritablement l'enfant de lui-même.

SCENE II.

FRANCISQUE, JULIEN.

JULIEN.

Es-tu là?

FRANCISQUE.

Me voici.

JULIEN.

As-tu tout préparé?

FRANCISQUE.

Tout absolument.

JULIEN.

Sans avoir été apperçu?

FRANCISQUE.

De personne au monde.

COMEDIE.

JULIEN.

Ne perdons pas un moment.

FRANCISQUE.

Est-il minuit ?

JULIEN.

Oui : pourquoi ?

FRANCISQUE.

La citoyenne Déricourt va descendre. Elle veut vous voir, vous parler.

JULIEN.

Francisque, encore une indiscrétion !

FRANCISQUE.

J'ai été impénétrable pour ceux qui s'opposent à votre départ. Il étoit inutile d'en faire un mystère à celle qui voudroit vous savoir déjà loin.

JULIEN.

A la bonne heure ; mais tu pouvois m'épargner un entretien inutile et fatigant.

FRANCISQUE.

On l'a demandé : le refuser, c'étoit s'exposer à de nouvelles démarches, à des importunités, qui nous auroient ôté la liberté d'agir.

JULIEN.

Ton but est rempli : éloignons-nous. (*Il fait quelques pas.*)

FRANCISQUE.

Je vous suis.

JULIEN, *s'arrêtant.*

C'est ici que j'ai passé dix-huit ans avec elle ; c'est ici que nous nous sommes livrés avec sécurité aux douces sensations d'une flamme innocente ; c'est ici que mon malheur se préparoit au sein même de la félicité !..... (*Bien tristement.*) Au point du jour, Adèle viendra dans ce salon, que nous aimions tant ; elle parcourra ces bosquets, où nous avons si souvent folâtré ; elle s'asseyra sur ces gazons, où les heures s'écouloient pour nous avec tant de rapidité ; par-tout elle cher-

chera Julien, et Julien n'y sera plus! Ah! Francisque! quels souvenirs me poursuivent en ce moment !..... (*Avec désordre.*) Partons, partons.

SCÈNE III.

FRANCISQUE, la citoyenne **DÉRICOURT** *portant une bougie qu'elle place sur la table en entrant. On lève la rampe à demi.* **JULIEN**.

FRANCISQUE.

On vient.... Ah! c'est la citoyenne Déricourt.

JULIEN.

Vous avez voulu me voir, Madame; pouvez-vous desirer ma présence; croyez-vous que la vôtre puisse me consoler?

La citoyenne DÉRICOURT.

Francisque, veillez à cette porte.

SCÈNE IV.

La citoyenne **DÉRICOURT**, **JULIEN**.

La citoyenne DÉRICOURT.

Vous avez droit de tout penser, et je suis préparée à ce que vous m'allez dire; mais écoutez-moi : notre séparation étoit inévitable, vous le sentirez peut-être un jour; cette séparation sera longue, bien longue, et j'ai voulu vous voir pour la dernière fois, vous embrasser encore, pleurer sur vous et sur moi, vous donner des conseils qui ne vous seront pas inutiles, et vous assurer que je ne vous abandonnerai jamais!

JULIEN.

Ne parlez pas de nouveaux dons, les vôtres sont trop chers. Un homme de mon caractère n'a besoin de personne : je saurai supporter mon sort, si je ne puis vaincre l'adversité ; et vos conseils, autrefois si précieux, sont superflus en ce moment.

La citoyenne DERICOURT.

Ah ! Julien ! que d'erreurs ont causé la prévention et l'injustice !

JULIEN.

La prévention, l'injustice ! c'est vous qu'elles subjuguent ; c'est moi seul qu'elles accablent. Ne me retenez pas, et laissez-moi partir.

La citoyenne DERICOURT.

Un moment. Rends-moi ton cœur !....

JULIEN.

Je ne le puis.

La citoyenne DÉRICOURT.

C'est ta meilleure amie qui te presse, qui te conjure de ne pas la repousser ; c'est une mère égarée et sensible, qui souffre par toi, et pour toi, qui voudroit.... qui ne peut !..

JULIEN, d'une voix étouffée.

Une mère !... une mère !

La citoyenne DÉRICOURT, se reprenant.

Je t'en ai tenu lieu, j'en ai rempli les devoirs.

JULIEN.

Ne me rappellez pas le passé ; vous l'effacez de ma mémoire. Si je vous dois beaucoup, fais-je moins aujourd'hui ? Je renonce à tout ce qui m'attache à la vie, je quitte Adèle, je me dérobe à votre époux, je me jette dans un monde inconnu, sans support, sans espoir, sans autre ami qu'un vieux domestique qui compatit à mes maux, et qui veut les partager ; je m'expose à tout, je brave tout, et pour qui ? pour vous seule, femme absolue et barbare... Non, je n'ai plus mère... je n'en ai plus ; vous avez mis entre nous une éternelle séparation.

E 3

L'ORPHELIN,

La citoyenne DÉRICOURT.

Tu m'accuses... tu m'outrages, et je ne puis te blâmer.

JULIEN.

Dans l'état où je suis, sais-je ce que je fais ?

La citoyenne DÉRICOURT.

Me connois-je moi-même ? Ma tête n'est plus à moi... mon désordre est au comble... mes idées n'ont plus de suite... de liaison... Julien, je perds en toi la moitié de mon être, je ne puis ni te voir, ni me séparer de toi... Je n'oppose à tes vœux que l'impuissance... le désespoir... des larmes stériles qui ne peuvent t'appaiser... Oui, tu me hais, tu le dois, je le sens, j'en suis convaincue ; mais quelqu'indigne que je t'en paroisse, que je goûte encore une fois le plaisir d'être mère. Julien... mon fils, mon cher fils, mes bras te sont ouverts ; crains-tu de t'y précipiter ? (*Julien balance.*) Julien ! (*il se jette dans ses bras.*)

SCÈNE V.

FRANCISQUE, la citoyenne DÉRICOURT, JULIEN.

FRANCISQUE.

J'ai vu de la lumière chez Blinville, j'ai cru entendre la voix de Déricourt ; il y a du mouvement dans la maison. Hâtons-nous, on nous sommes découverts.

La citoyenne DÉRICOURT.

Adieu, malheureux enfant ! Quelque part que tu fuie, mes yeux seront toujours ouverts sur toi. Ecris-moi, je le veux, je t'en supplie ; tes lettres adouciront mes peines : je les lirai à Adèle, elle en a besoin comme moi. Adieu... ne connois que la vérité, n'écoute et ne suis qu'elle. Oublies ta première existence, remplis la carrière honorable où tu vas te jetter ; que tes exploits et ta gloire parviennent jusqu'à moi ; que j'en jouisse en secret, et que je me dise : Julien est un héros ; il me fait oublier sa naissance. (*Julien fait une fausse sortie.*) Viens, cher enfant, que je t'embrasse encore : dis-moi que tu ne me hais point, et je serai plus tranquille.

JULIEN, *l'embrassant.*

Vous haïr ! je le voudrois en vain... je n'en ai pas la force. (*il se jette dans ses bras, la regarde ensuite avec attendrissement, va pour l'embrasser encore, s'arrête et sort en désordre.*)

SCÈNE VI.

FRANCISQUE, la citoyenne DÉRICOURT.

La citoyenne DÉRICOURT.

HONNÊTE Francisque, je compte sur toi ; tu ne l'abandonneras point.

FRANCISQUE.

L'abandonner ! non, Citoyenne, non. Il y a là un bon cœur.

La citoyenne DÉRICOURT.

Prends ce porte-feuille, ne le ménage pas ; qu'il ne manque de rien... Qu'il m'écrive, souviens-t-en bien, Francisque, qu'il m'écrive ; et toi, sois toujours son guide et son ami. Allez, partez, et que le ciel veille sur vous et vous conserve.

SCÈNE VII.

La citoyenne DÉRICOURT *seule.*

AH ! s'il existe un juste équilibre entre le bien et le mal, quelles doivent être les jouissances de la vertu, puisqu'un moment suffit pour empoisonner la vie la plus heureuse.... Julien est perdu pour moi, mon supplice commence ; et chaque jour le rendra plus insupportable. Un époux menaçant d'un côté, une fille souffrante de l'autre, tous deux m'accusant d'une rigueur qui n'est pas dans mon ame et qui fait leur tourment, leur tendresse, leur estime perdue, l'abandon qui suit le mépris, une fin douloureuse et prochaine, voilà mon sort, et je l'ai voulu... Ne te plains pas, malheureuse. Il falloit penser tout cela avant de trahir ton devoir, ta vertu, ton époux. L'infamie ne t'a point effrayée, et tu crains de souffrir!

SCÈNE VIII.

ADÈLE, BLINVILLE, *tenant deux flambeaux qu'il pose sur une table. La rampe se lève tout-à-fait.* DÉRICOURT, JULIEN, la citoyenne DÉRICOURT.

DÉRICOURT *tenant Julien par la main.*

Vous partez! vous partez! Rentrez, jeune homme, soyez docile et laissez-vous conduire. Voilà ton Adèle, la voilà.... regarde; vois ses larmes, et fuis si tu le peux.

JULIEN.

Adèle, mon Adèle!

ADÈLE.

T'ai-je retrouvé, où vais-je te perdre encore?

DÉRICOURT.

Vous ici, Madame! vous m'avez prévenu. Nous allons terminer des débats qui n'ont que trop duré. Vous ne me contraindrez pas, je l'espère, à user de mes droits. Ne m'opposez pas une résistance inutile, et préparez-vous à obéir.

La citoyenne DÉRICOURT.

Gardez-vous de m'y contraindre.

DÉRICOURT.

Point de mots: des faits. Si je me suis trompé, si vous ne tenez à Julien que par des sentimens purs et honnêtes, prouvez-le moi: voilà le contrat, signez.

COMEDIE.

La citoyenne DÉRICOURT.

Vous ordonnez un crime.

DÉRICOURT.

Je veux vous en épargner un.

La citoyenne DÉRICOURT.

Je le consomme, si j'obéis.

DÉRICOURT.

Si vous obéirez ! c'est le seul parti qui vous reste.

La citoyenne DÉRICOURT.

Je tombe à vos genoux. Ayez pitié de moi... je n'ai fait qu'une faute en ma vie...

DÉRICOURT.

Sachez la réparer.

La citoyenne DÉRICOURT.

Elle est irréparable.

DÉRICOURT.

Tout se répare avec du courage.

La citoyenne DÉRICOURT.

Du courage ! La mort.

DÉRICOURT, *la relevant.*

Pour la dernière fois, obéissez.

La citoyenne DÉRICOURT.

Je parle, si vous insistez, et si je dis un mot, je vous anéantis.

DÉRICOURT *la prenant par la main et l'entrainant vers la table.*

Je n'écoute plus rien. Venez, Madame.... venez ; voilà la plume.... prenez.... signez.... signez....

La citoyenne DÉRICOURT *s'échappant et traversant le théâtre.*

Non, non, non ; je ne signerai point un inceste ! tous deux sont mes enfans ! (*Elle tombe dans un fauteuil, à gauche ; Adèle dans les bras de Blinville ; Déricourt sur la table ; Julien* est debout, au milieu du théâtre, l'œil fixe, et dans l'attitude du désespoir. On garde un long silence.)

DÉRICOURT.

Quel coup! (Il retombe sur la table.) (à Blinville.) Ah! mon ami, mon ami!... Ma fille! ma chère Adèle!... (à sa femme.) Quel mal vous venez de me faire! Je croyois vous forcer à redevenir estimable, et maintenant tout espoir est perdu!.... Quel coup! quel coup! (Il retombe, et se relevant avec une colère concentrée.) Vous avez en effet commis une faute irréparable; je ne m'abaisserai pas à vous la reprocher. Prononcez vous-même, et rendez-nous justice à tous deux.

La citoyenne DÉRICOURT.

Je me la rends depuis le jour où je me suis manqué. J'ai passé dix-huit ans dans les regrets et dans les larmes: aujourd'hui même encore vous en avez été témoin.

DÉRICOURT.

Regrets inutiles. Il est des choses que l'homme délicat ne sauroit oublier.

La citoyenne DÉRICOURT.

Je ne demande pas l'oubli d'une coupable erreur: on ne doit rien attendre de ceux dont on a perdu l'estime; mais ne me déshonorez pas par un éclat scandaleux; n'étendez pas sur ma vie entière une tache que j'ai peut-être effacée; ne me chassez pas enfin de votre maison: j'y vivrai seule, retirée; je m'interdirai les plaisirs les plus simples, j'éviterai votre présence, je ne verrai que ma fille, quand vous voudrez me le permettre, et si vous daignez me la confier encore!

DÉRICOURT.

Non, Madame, nous ne pouvons désormais habiter ensemble: notre séparation se fera sans bruit, un éclat me déshonoreroit autant que vous; mais il faut nous séparer. (La citoyenne Déricourt et Adèle se jettent à ses genoux, les bras étendus vers lui.) et je penserai, dans un moment de calme, aux moyens qu'il conviendra d'employer.

COMEDIE.

ADÈLE, *en pleurs.*

Pardonnez lui, pardonnez-lui, mon père !

DÉRICOURT, *à sa femme.*

Vous êtes à mes genoux : votre intérêt seul vous occupe. Voyez l'état cruel où vous réduisez vos enfans ; comptez les pleurs qu'ils vont verser ; calculez les ravages d'une passion désespérée, dans deux cœurs qu'elle a totalement subjugués ; songez à l'avenir affreux qui les attend : que ce tableau soit toujours présent à votre pensée, et qu'il soit votre éternel supplice. (*La citoyenne Déricourt se traîne sur ses genoux et embrasse ceux de son mari.*) Laissez-moi, laissez-moi. O femmes ! femmes ! si vous réfléchissiez combien le vice est bas, avant de vous y livrer ! (*Adèle et sa mère se lèvent.*)

ADÈLE.

Ne pensez plus à nous, mon père ! nous nous vaincrons, je l'espère.... je crois pouvoir vous le promettre.... je m'accoutumerai par degrés à ne voir dans Julien (*avec un soupir*) que mon frère !

DÉRICOURT, *avec un mouvement d'horreur.*

Ton frère !.... ton frère ! (*Il regarde Julien et voit son désespoir.*) Rassure-toi, Julien ; je suis sévère, mais juste. Ce n'est pas à toi qu'on peut reprocher ta naissance ; je ne te punirai pas des fautes de ta mère.

JULIEN.

Vous m'accordez encore de la pitié ! Ah ! je puis donc aussi vous supplier pour cette mère infortunée ! (*Il tombe à ses genoux.*)

JULIEN, la citoyenne DÉRICOURT & ADÈLE *tombant aux genoux de Déricourt.*

Grâce ! pardon, pardon !

DÉRICOURT *attendri.*

Laissez-moi, laissez-moi ! vous dis-je. Quand vous surprendriez mon cœur, ma raison demeureroit inaltérable, et je serai inflexible.

BLINVILLE.

Inflexible! et pourquoi? L'homme raisonnable calcule les circonstances plus ou moins graves, il ne cède pas aux mouvemens de son orgueil blessé, il ne connoit que la justice, et se la rend à lui-même et aux autres.

DÉRICOURT.

Je suis juste, et je le prouve.

BLINVILLE.

Non, vous ne l'êtes point, et vous ne pouvez l'être. Vous avez dans cette affaire un intérêt trop majeur pour prononcer avec impartialité. (*les relevant.*) Relevez-vous, famille intéressante; c'est moi qui suis votre défenseur.

Le vice me révolte comme vous. Si je croyois qu'il pût atteindre encore votre épouse, je l'abandonnerois à son sort. Elle fut coupable sans doute; mais quand? à un âge où l'on n'est pas en garde contre des piéges qu'on ne soupçonne point, où l'on a succombé avant d'avoir pensé à se défendre. Mari trop sévère, vous la condamnez sur un moment d'oubli; c'est sur sa vie entière que j'établis mon jugement. Pendant vingt ans elle a fait votre bonheur, pendant vingt ans sa douceur, sa tendresse, des qualités morales et domestiques ont fait envier votre sort à tous les époux; et vingt ans de bonheur n'effacent-ils pas une faute, dont vous ne devez l'aveu qu'à un effort dont la vertu seule est capable? Oui, si le vice ne lui faisoit horreur, si elle en avoit l'habitude, elle eût laissé marier ces enfans, et par un second crime elle enveloppoit le premier dans des ombres éternelles. Cette idée a révolté son ame honnête et pure, elle n'a pas balancé entre elle et son devoir. Est-ce à ce trait que l'on peut reconnoitre une femme coupable? j'ose n'y voir, moi, qu'une femme autrefois égarée, mais aujourd'hui repentante et vertueuse. Si ces raisons ne te persuadent pas, ce n'est plus ton esprit que je prétends convaincre, c'est ton cœur que je veux attaquer avec toute la force du sentiment. Epoux trop sensible, crois-tu pouvoir te séparer d'une épouse adorée? en auras-tu la force, si tu en as en effet l'intention? qui la remplacera dans cette ame qu'elle remplit toute entière, et pour qui l'habitude d'aimer est devenue un besoin ? Crois-tu que l'amitié lui suffise ? détrompe-toi. Dépositaire de tes plaisirs, tu ne me chercheras plus pour me confier des peines que je voulois t'épargner. Tu les dévoreras en silence, ta solitude te sera insupportable, et tu appelleras en vain une épouse bannie et déshonorée, que sa disgrace te rendra plus chère encore. Alors sa faute disparoîtra devant une longue suite d'années, tu ne penseras qu'aux qualités aimables, qui pouvoient embellir la fin de ta carrière ; et tu la termineras au sein des ennuis et des regrets... Déricourt, mon cher Déricourt, ne t'arme pas d'une sévérité dont les effets retomberoient sur toi; haine au pervers, indulgence au foible. Il est si doux de pardonner, surtout à ce qu'on aime ! Voilà ta femme : elle attend son arrêt. Ajoute à tous les droits que tu as déjà sur elle, les droits sacrés de la reconnoissance. (*il prend la main de la citoyenne Déricourt, et la met dans celle de son mari ; elle la couvre de ses larmes, Déricourt se tourne vers elle, la regarde avec attendrissement, et lui ouvre ses bras.*)

DÉRICOURT.

Mais ces enfans... ces malheureux enfans !

BLINVILLE.

Julien voyagera, il le faut ; il doit en sentir la nécessité ? l'espoir alimente l'amour; mais l'amour s'éteint avec l'espoir. L'absence les ramenera bientôt à cet état calme et tranquille qu'ils n'osent se promettre aujourd'hui.

DÉRICOURT.

Puisses-tu, mon digne ami, consoler un jour mon Adèle ! C'est à présent mon unique desir.

FIN DU TROISIÈME ET DERNIER ACTE.

PRÉFACE.

Cette pièce n'est point un sujet d'invention. Les principaux incidens sont conformes à la vérité, les caractères sont pris dans la nature. Charles, sa femme, son père, son frère, le juge inique (1) qui l'assassina juridiquement en 1787: tous ces personnages sont existans, et plusieurs sont jeunes encore.

Charles fugitif, malheureux, manquant de tout, invoquoit du fond de la Hollande une loi positive qui l'autorisoit à disposer de sa main; croira-t-on qu'un juge ait osé se rendre coupable de prévarication, d'oppression et de déni de justice par un décret qui déclaroit Charles mort depuis plusieurs années, lorsque ce fripon étoit convaincu de son existence ? Croira-t-on que parmi les habitans de Calais, tous également convaincus de l'existence de Charles, il ne s'en trouva pas un qui osât s'élever contre la scélératesse du juge ? Le malheureux fut opprimé et il le fut impunément: il n'avoit pour lui que l'équité.

Charles espéra trouver plus d'intégrité dans un tribunal supérieur. Il appella du jugement de Béhague au parlement de Paris, qui confirma la sentence du juge de Calais, mais qui, pour ne rien perdre, condamna Charles aux frais.

L'Ecuyer, procureur au parlement, avoit barbouillé du papier pendant six mois pour prouver à la cour que Charles étoit bien et duement mort. Cependant comme il connoissoit le défunt et son domicile, il lui fit signifier l'arrêt de la chambre, avec invitation de l'aller payer sans délai, à peine d'y être contraint par corps. Charles, tout mort qu'il étoit, fut en personne payer le procureur, afin de ne plus entendre parler de tous les coquins à qui il avoit eu affaire dans ce malheureux procès.

Voilà comme on rendoit la justice il y a six ans.

---

(1) Béhague, alors président et maire de Calais, aujourd'hui rien.

PERSONNAGES.   ACTEURS.
                                Les Citoyens

CHARLES DE VERNEUIL. . . . . . . Raimond.
DE VERNEUIL, père. . . . . De Rozieres.
DE VERNEUIL, fils. . . . . Vigny.
LE COMTE DE PRÉVAL. . . . . . . Després.
BAZILE, ami de Charles. . . . . . Michot.
LA FLEUR, valet de Préval. . . . La Rochelle.
UN EXEMPT. . . . . Bourdois.
CAROLINE, femme de Charles. La citoyenne Simon.
CECILE, leur fille, âgée de quatre ans.

Noms des acteurs qui jouoient originairement dans cette pièce.

CHARLES DE VERNEUIL. . . . . . . Saint Clair.
DE VERNEUIL, père. . . . . De Rozieres.
DE VERNEUIL, fils. . . . . Valienne.
LE COMTE DE PRÉVAL. . . . . . . Chatillon.
BAZILE, ami de Charles. . . . . . Michot.
LA FLEUR, valet de Préval. . . . Fusil.
UN EXEMPT. . . . . Genest.
CAROLINE, femme de Charles. La citoyenne Saint-Clair.
CÉCILE, leur fille, âgée de quatre ans.

La Scène est à Paris.

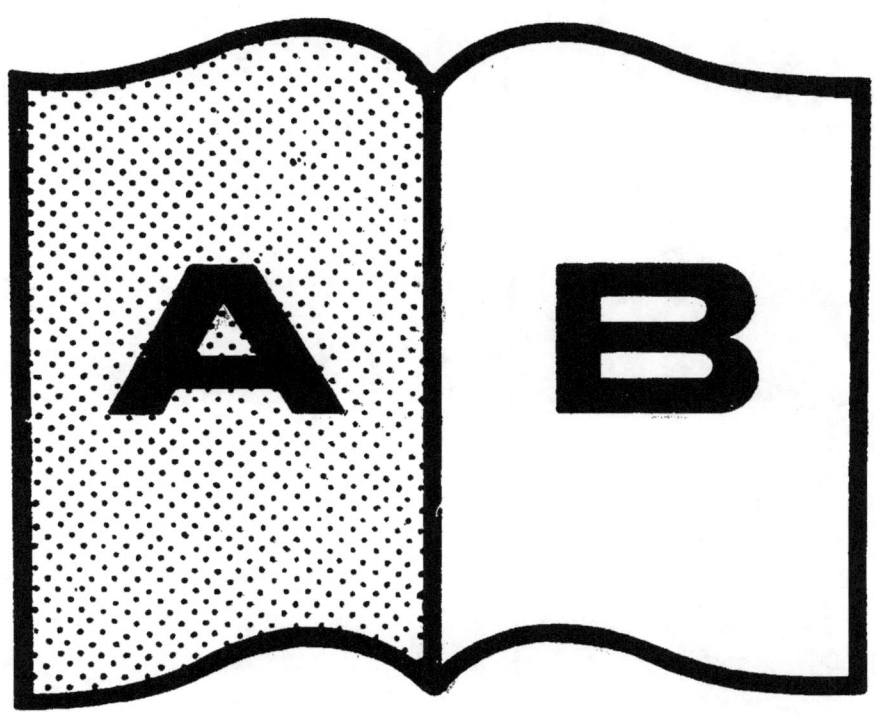

Contraste insuffisant
NF Z 43-120-14